待到时光静好，与你相伴天涯

馨小空 著

中国友谊出版公司

图书在版编目（CIP）数据

待到时光静好，与你相伴天涯 / 馨小空著. -- 北京：中国友谊出版公司，2018.7

ISBN 978-7-5057-4405-9

Ⅰ. ①待… Ⅱ. ①馨… Ⅲ. ①婚姻－通俗读物 Ⅳ. ①C913.1-49

中国版本图书馆CIP数据核字(2018)第134371号

书名 待到时光静好，与你相伴天涯

著者 馨小空

出版 中国友谊出版公司

发行 中国友谊出版公司

经销 新华书店

印刷 北京中科印刷有限公司

规格 880×1230毫米 32开

7.25印张 116千字

版次 2018年9月第1版

印次 2018年9月第1次印刷

书号 ISBN 978-7-5057-4405-9

定价 39.80元

地址 北京市朝阳区西坝河南里17号楼

邮编 100028

电话 (010) 64668676

我需要你，因为我爱你

——自序

似乎女人都是长着翅膀来到人间的天使，是爱情把其中一些人变成了魔鬼。这爱，由男人而起。在古装宫斗虐心戏中，我们见了太多的女人，为了达到自己的目的，不择手段，千方百计，分毫不让须眉。连男人们都大声赞叹并伸出大拇指：够狠够有心计。

如此看来，“城府”这个词，一般的女人还真玩不起，太着痕迹会让人一眼看穿，给人的感觉是目的性太强，男人们难免心生厌恶退避三舍。接下来更麻烦的是，女人还要独自面对失去的痛苦。

万事万物也许有时就暗合这个道理：你争，它走；你不争，它反而在。

不在？也别动气，原本就不是你的。

爱情当中讲究的是技法自然，无招胜有招，毫无痕迹方为上策，让对方心旷神怡情不自禁地皈依归顺，才能算作最高明的技巧。

能达到如此境界的，不叫技术叫艺术。

关于技术和艺术之说，词典里的释义都指人所拥有的技能，区别是艺术更有创造性，更优美独特，更丰富多彩。把二者的含义置换到爱情上，有一套标准比较适用：所谓技术，大多不是出自真正的关心、尊重和了解，通过精湛的演技和运作手段表现得好像很爱对方；而艺术，是你为一个人所做的努力和付出，然后是精神和肉体身心舒畅的美感。这也相应解释了为什么同样一种方法，有的人觉得是技术，有的人觉得是艺术。其中很大一部分，来自于对方的感受。

爱情首先是给予，而不是获得。艾里希·弗洛姆在《爱的艺术》中说，幼稚的爱的原则是：我爱，因为我被人爱；成熟的爱的原则是：我被人爱，因为我爱人。不成熟的、幼稚的爱是：我爱你，因为我需要你；而成熟的爱是：我需要你，因为我爱你。

说到底，收获好的爱情，不是简单的技巧，而在于心态，在于感知，在于两情相悦。

爱情就像一首时而温婉时而劲烈的歌，不论唱功高低，只要走心，听的人总会懂的。

目录 CONTENTS

第一辑 欲望陷阱

不需要坐以待毙，不需要故弄玄虚，更不需要阴谋诡计。爱是一种奇妙的东西，就像歌里唱的那样：爱情三十六计，要随时保持美丽。

第二辑 物质男女

往事之所以吸引人就在于它已经成为过去。而到了该结束的时候，如果非要继续，那么所有喜剧都会成为悲剧，甚至是以闹剧告终。

第三辑 隐身花园

恋爱，以欺骗自己开始，然后再欺骗别人，这就是所谓的浪漫。而婚姻是什么？婚姻是牢不可破的誓言，还有独自保留的空间。

第四辑 爱上爱情

我爱你，因为你就是爱本身；
再或者，我爱上的是爱本身，而不是你。

第一辑

欲望陷阱

不需要坐以待毙，

不需要故弄玄虚，

更不需要阴谋诡计。

爱是一种奇妙的东西，

就像歌里唱的那样：

爱情三十六计，

要随时保持美丽。

他把心思花在如何让自己不吃亏，
又如何不让枕边人占他的便宜上，
这还算什么男人？
要说男人，
好才智还要配上好品行才行。

曾经沧海

1

大雨滂沱的夜，屋外响起一阵“咚咚咚”的敲门声。我起身开门，门外站着的竟然是全身被雨淋湿的徐沧海。他是我的前夫，我们已经离婚一年多了，原因是他婚内出轨，对方是一位比他小十四岁的美甲师。

我很好奇徐沧海怎么会在这样的鬼天气里来找我，此时此刻，他应该沉醉在年轻女人的温柔乡里才对。可是，徐沧海声音消沉，一副半死不活的样子说：“我的官司输了，什么都没有了，妮妮，你得收留我。”然后，徐沧海“扑通”一声跪在了我身前，呜呜痛哭。

是什么事情把一个曾经为我遮风挡雨的汉子折磨成这个样子？简直和一年前义无反顾地和我去民政局领离婚证时的他判若两人。那时的徐沧海，离开我的步子迈得意气风发，留给我的背影也特别决绝，可如今却落魄到如此田地，真是难以想象。

我把徐沧海请进了屋，等到他冲完热水澡，又换了一身干爽衣物后，才向我一一道来。事情概括起来很简单，他现在正经历着人财两空的尴尬境地，首先是向美甲师求婚遭拒，那女人跟一个比徐沧海年轻的男人跑了，我听后心里暗爽。还有就是徐沧海早前给女人买的房子因为房产证上登记的不是他的姓名，所以他被赶出了门。更可悲的是，他想通过法律途径要回自己拿钱买的房，却输了官司。

徐沧海说他在走投无路时没脸来找我，可除了我这里，他不知道还有谁可以信任，还有哪里能给他归宿感。

也许在徐沧海看来，我是个好女人，离婚分家产的时候，他没从我这里受到什么经济上的损失。其实，不是我不爱钱，而是我觉得没有他，没有他的钱，我照样可以活得很好。

最后徐沧海用一句话总结说："年轻女人靠不住，妮妮，还是你最好。"

我则在心底里回敬他："活该，报应。"紧接着就听徐沧海痛苦地说："这都是报应啊！"

2

徐沧海说，他早就觉得离婚后的生活远没有想象中来得那么顺心，女人太年轻了终归是不懂事，把家过得像酒店不说，他天天回家吃不上一口热乎饭，何况没有理解包容和迁就忍让的家庭只能是一团糟。徐沧海说，其实他早就感到厌倦了，也早就开始怀念那些年和我一起生活的日子了。

此情此景之下，我还能相信他吗？

见我迟疑，徐沧海哭了，哭得比窗外的雨声还凄厉。他缓缓从沙发上起身挪到我的身前，握住我的手，擦去他脸上灼热的泪，一声声地说着对不起，让我原谅他曾经的背叛，因为他现在也感同身受地尝到了背叛的滋味。

这句话戳中了我的心。真的，自从徐沧海离开以后，再没有人能走进我的生活，直到现在，我仍旧一个人。一直单着也不是为了等他回心转意，而真是应了那句话，曾经沧海难为水，没有男人的日子也还算不错。

一个转身，徐沧海跟在身后，他抱住我说："妮妮，给我一个机会，我会给你一个惊喜。"

真是好笑，他把我当什么了，招之即来，挥之即去的奴婢？我示意他去另一个房间睡，然后回了自己的卧室。

3

第二天是个周末，雨过天晴，徐沧海起得比我早，备好了早餐坐在餐桌前乖乖地等着我，这是我没见过的徐沧海，像多年前的我。他说现在要求和我重归于好会显得太过仓促，但是，他已经诚心诚意地做好了和我共度余生的打算和准备。

这天徐沧海待我真好，像热恋的那个时候。可男人都不懂得珍惜，而且喜欢见异思迁。

我不喜欢绕弯子，就直截了当地问他是不是有什么事求我帮忙。

徐沧海叹了口气说，希望以后无论什么时候都和我在一起。那么，我要做的第一件事就是，跟着他把曾经失去的夺回来。

“哦？我具体得怎么做？”我问。

徐沧海的神色有一些躲闪，最后坦白说：“在外面和那女人买的房，我有出资证明，时间是我们还没离婚的时候。也就是说，其实那房是我们的婚内财产。”

“所以呢？”我继续问。

徐沧海说：“妮妮，跟我一起要回咱们的房子。好吗？”

我没回应他，徐沧海就在一边自说自话起来，大意是，我要到法院假意起诉他，追回房产。他说要那女人一无所有。

这话真让人心寒，想当初他离开我时，那么绝情，抱着一副此生再无任何瓜葛的想法投向另一个女人的怀抱。再怎么说也是他爱过的女人，居然如此绝情绝义。

徐沧海说，先绝情绝义的是那女人，不是他。

那么，我就笑了，我和徐沧海之间，也是他绝情绝义在先，我该怎么做呢？

徐沧海说：“妮妮，我欠你的，后半辈子还，行吗？”

我想了想，对徐沧海说：“你让我考虑考虑。”

徐沧海着急地从座位上站起，说："妮妮，在这件事上，我需要你。"接着，他走近一步又说："事成之后，我们复婚，我要风风光光再娶你一次。"

我也从座位上站了起来，又重复了一遍："你让我考虑考虑。"

面对现在的徐沧海，我不敢轻率，必须谨慎。这一次他是有求于我，不然的话，又怎会想起他从没放在眼里的我。

回到自己的房间，我反复琢磨着一个问题，徐沧海是从什么时候起，变成了一个薄情郎？

4

大约半年以后，法庭上，我亲手把我的前夫徐沧海推上了被告席。作为原告，我起诉徐沧海的理由是追回他隐藏、转移的婚内财产。我提供的证据很充分，他给李美丽，也就是那个年轻美甲师买房的出资证明，还有许多价值不菲的礼物的发票和购物小票等，虽然现在我和徐沧海离婚了，但所有的这些都是在我和徐沧海婚姻存续期间发生的事，属于夫妻共同财产。

我和徐沧海夫妻十年，可十年时间也不足以看透一个男人的本质。曾经，我有多欣赏他的才华和才智，现在就有多鄙视他的处心积虑和阴谋算计。他把心思花在如何让自己不吃亏，又如何不让枕边人占了他的便宜上，这还算什么男人？他不仅背叛了我的信任，也让我觉得和他十年的时光全是浪费和蹉跎。

官司不出意外地赢了，当法官宣判审判结果，将房产补偿归我时，我仰头长出了一口气，同时也看到徐沧海笑得毫不掩饰。

庭审后，李美丽狠狠向他吐了口唾沫。她还算聪明，看出了徐沧海的伎俩，从牙缝里挤出四个字："卑鄙小人。"

李美丽能做出这样的反应很好理解。三年时间，她把自己青春美好的身体交付出去，可当初自愿为此埋单的男人，在享受过年轻的身体和新鲜的爱情后却反悔了，这样的事情放谁身上都会心有不平难以接受。事到最后，李美丽是背着"小三没好报"的骂名离场的。

看着李美丽的背影，我深深地感到她是个命运悲惨的女人，不光是因为她失去了一套房产和背负骂名，还因为她遇到的男人是徐沧海。

5

我和李美丽打过两次交道。

一次是我和徐沧海还没离婚的时候，那时她的脸上还有股稚气未脱的天真水嫩，一看就是个特别直率的女孩。她很直接，找到我的家里，让我把徐沧海让给她。

我问："凭什么？"她说："霸占一个不爱你的男人是不道德的。"她说，她和徐沧海才是真爱。

李美丽说我人老珠黄，徐沧海早就不爱我了。

另一次见李美丽就在法院开庭的前几天，她找到我说自己错了，错就错在之前太年轻，想法太单纯，不仅破坏了别人的家庭，还企图用青春套现。李美丽似乎早就知道败局已定，或者也真是发自肺腑地想要重新开始，她说房子她根本就不想要，只不过拱手相还又觉得咽不下那口气，便宜了徐沧海那种人。好在一切都不晚，回头总有岸，而且幸运的是她终于找到了真爱，事业也小有起色，开起了自己的美甲店。李美丽很诚恳地跟我说："姐，我错了。"

谈何原谅，我早就不怪她了。

现在结束了，一切都结束了。

拿着判决结果，我走出法庭。

徐沧海追了出来，他满脸笑意地说要跟我一起回家。

我却表情严肃，“家？那是我一个人的家。”

是，我是答应了和他一起收复失地，于情于理，那房产都是我应得的。可是，我从来就没有答应和他重归于好复婚啊。

徐沧海说：“妮妮，别闹，咱不带这么玩的。”

我不是开玩笑。

想必一场精明的算计还是一无所获失了策，徐沧海的心又疼得滴血了。要说男人，好才智还要配上好品行才行。

女人就是这样，
她爱你时，
撵都撵不走；
她不爱你时，
拉也拉不回。

冤假错爱

1

潘妮喜欢网购，每天除了带孩子，她不是在拆邮包，就是在等快递。用秦大海的话说，那就是无知良家妇女的一点小乐趣，即便花光他所有血汗钱，他也会心甘情愿地笑着死去。何况，他的钱是花不光的。

潘妮是个多么好命的女人，认识她的所有人都这么说。在一起七年多了，秦大海纵容宠溺妻子胜过对待儿子。去保健站给两岁多的儿子做入园体检，所有检查项目结束后，秦大海马上把妻儿送回了家。潘妮还得回家等着接收快递呢。

秦大海独自一个人在医院耐心等待结果的身影，看上去是那么的高大温暖。可不过数十分钟，他就从温暖的人间跌进了冰冷的地狱。

B型血的孩子各项指标正常，可是，两个O型血的人可能生出个血型为B的孩子吗？

医生冷冷地回答，“不能。”

“是不是验错了？”

“不信可以去别的医院再验。”

秦大海握着检验单的手控制不住地直哆嗦。如果医院没有出错，那么答案只有一个：老婆还是自己的老婆，孩子不是自己的孩子。

秦大海只感觉血往头上涌，他要当面问问潘妮怎么回事，于是脚步迈得大，走得急，把小医院的垃圾桶都踢翻了，哐啷的响声让秦大海冷静了一些，他能思考了。

假若潘妮早就知道孩子不是他的，坦荡大方承认后甩甩手抱孩子走人，那他这么多年岂不是人财两空？又假若潘妮也同样不知情呢？那她更可恨，对她千般好万般好，竟换来蒙在鼓里替别人养孩子！

“不，绝不能这么便宜了她。”秦大海想。

调转回家的车头，他如常地去了公司，就像这件意外从来没有发生过一样。他的心里装着一座城堡那么大的谜，还有怨气。

2

接下来的所有变故都从这天开始。潘妮眼见着秦大海一天天落魄下去。

一纸合同亏了上百万，潘妮跟着秦大海搬进一套二居室，租的。新住的地方没有网线，潘妮不能网购了。倒也不觉得寂寞，她忙着跟原来房子的买主办手续，秦大海着急用钱，她帮着把房主的钱打到欠款的账户里。秦大海把话说得很煽情，他说在这个世界上，只有她能信得着，转款的事全交给了潘妮。潘妮感觉自己比立功的英雄还光荣。

全款打齐的那天夜里，秦大海激动地把潘妮搂进被窝里，他们不能在卧室里一起看海了，也不能按原计划把儿子送去有外教的奢华幼儿园了。潘妮不在乎这些，只要有爱情和空气，她就能活。

都说夫妻患难见真情。潘妮说话小心翼翼的，生怕哪句话惹得秦大海伤心。潘妮给了他女人所能给的所有呵护、支持和纵容。

3

秦大海又像当年创业时那样早出晚归了，回家之后也越来越沉默。他对潘妮说得最多的一句话就是，我没钱了，如果可以，找个能给你好生活的男人吧。更多的时候，他总是心事重重，跟儿子也显得越来越生分。

一见到跑跑闹闹的两岁多孩子，秦大海既烦又气。他以前有多爱潘妮，现在就有多恨她。

秦大海停留在外的大部分时间是独自坐在酒吧小剧场的座位上，落寞地吸烟，孤单地啜饮，表情并不复杂，虽在热闹的酒吧，身影却遗世而独立。酒吧小剧场上演的一出一出生活话剧，不一定哪一幕就会发生在自己的生活里。例如，他以前从没想过的——主动艳遇。

那是一个并不妖娆的女人，相遇的场景也不怎么香艳。

小剧场的演出快结束时，一个孩子气挺浓的姑娘和一个男人走过来与秦大海搭讪，他们问他有没有兴趣和他们一起，正在彩排中的话剧缺个男演员，很符合秦大海的气质，只要他把每天看话剧的时间用来排练就可以。

谁不愿意多一个爱好打发时间呢，秦大海作势推辞了几个回合便答应了。把他领进小剧团那个古灵精怪的姑娘就是小禾，不妖娆，却多变。摘下马尾辫，脱去棉T恤，小禾的学生气就荡然无存了，只剩青春无敌。

秦大海排练的第一幕就是和小禾搭戏。他演个警察，排练间隙，小禾给他讲戏，他给小禾讲真实的故事，当然，他没说讲的是自己，但听的人都懂。他把自己的故事拆分成两段，一个是和潘妮热恋后走到一起，一个是莫名其妙替别人养孩子。小禾闪着睫毛长长的眼睛说："还是第二个故事比较好听。"

这就是故事和生活的不同。因为秦大海觉得第一个平淡的故事虽不精彩，但美好暖心，更愿意身在其中。

散场时，他隔着人群给她发去信息，叫她"小河"。

她纠正："不是那个河，是禾苗的禾。"

秦大海回："不管什么河，最终都要流入大海。"

小禾没再回他信息，望向他的眼神却多了许多内容。秦大海回她喜上眉梢的一笑，暧昧丛生。

4

这是秦大海的又一个里程碑，那夜，特别斑斓。他把潘妮从梦里拉出来，用手支着头躺在潘妮的身边问：你觉得我长得像警察吗？

潘妮笑了，她一点也不怪秦大海扰了她的梦。她说："你要是警察，我就是小偷。"

一句话，像是挑动了秦大海的某根神经，他将潘妮的双手反扣住，推向床角。警察的审问开始了。

"说，你偷了多少男人？"

问完，秦大海又气愤地向潘妮脸上挥去一掌，"说，孩子的亲生父亲是谁？"

还能是谁的，潘妮分不清这是真是假，她越说是他的，秦大海怒气越大，她的迁就和忍耐在秦大海看来就是心虚讨巧。潘妮雪白的皮肤被皮带抽出一条条红印子，她的叫声惊醒了隔壁的孩子，卧室紧关的门外有哇哇的哭声。潘妮冲过去给孩子开门，秦大海一把大力地拽过她的头发，潘妮身体向后，直挺挺地晕倒了。

5

潘妮宫外孕大出血。

又是医院，秦大海讨厌这地方。可抢救室里躺着的，是和他生活了七年的法定妻子；身边领着的，是名义上是自己的实际上却是别人的孩子。

孩子怕他，一声不响地坐在椅子上，连哭都压抑着。

需要输血，秦大海说不用别人的，用他的。秦大海不是没有念过潘妮的好，可只要想到或看到孩子，就像有人在打他的脸。就算是为她做的最后一件事吧，秦大海在输血前检测时还给小禾发去个信息，要她有空的话来医院陪陪他。

只是，生活不是偶像剧，输血的话，医院血库有的是，用不着亲属献，再说，医生问："你是B型血吗？"

这结果给了他当头一棒。刚刚他没听错，医生说，潘妮的血型是B型。

秦大海当时便愣在那里，慌了阵脚，他所知道的潘妮的血型是错的，那么，可怜地坐在冰凉椅子上的孩子，是不是自己的呢？

秦大海在病房前徘徊不定的脚步错乱而沉重。他张开的拥抱把孩子吓得直往椅子里缩。

潘妮身体好转已是一周后的事了，那天，秦大海拿到了与孩子亲缘关系为99.99%鉴定书。他一方面喜极而泣，一方面后悔莫及。他不该对她不信任，不该使手段把房子转手企图让她一无所有，不该故意冷落折磨她，更不该枉用另一个女人打击她……病房太小了，装不下他真诚的忏悔。

只要潘妮能够原谅，秦大海愿意像以前一样爱他们，呵护他们。不，要比以前做得更好。

潘妮的心真冷啊，比冬天还冷。秦大海病床前日日的无微不至也没焐热她的心。潘妮早就发过誓，坚决不做妈妈辈那样为了孩子将就爱情和婚姻的女人。

你看，女人就是这样：她爱你时，撵都撵不走；她不爱你时，拉也拉不回。

潘妮还是爱网购。除了陪孩子，成天在网上泡着，因为，她的网店开张了。

女人的安全感不只有男人能给，
自己努力争取奋斗得来的一切才最踏实可靠，
这就是生活教会她的事。

我是导演

1

大飞的策划案又被女上司冯婷婷给否了。“呸！空有个女人的名字，没有半点女人味，”大飞在心里恶狠狠地诅咒她，“踩着别人的肩膀往上爬，小心走得高，摔得狠，这辈子都没男人要。”

快下班的时候，冯婷婷冷冷地丢下一句话，“策划案尽快改完发我。”然后，留给大飞一个袅袅婷婷的背影就走了。

天都黑透了，大飞还在加班，他的桌边放着半杯温咖啡。空荡荡的办公楼，大飞忽然灵光一闪，他鬼使神差着了魔一样打开了冯婷婷的电脑。大飞最初的想法很单纯，他只想看看别人交的策划方案怎么样，有好的东西可以借鉴一下，又或者，植入个软件把冯婷婷的电脑搞瘫，恶作剧地小报复一下。

可电脑一开，冯婷婷的工作QQ就自动登录了，除了公司的同事外，有一个不知是谁的QQ号码。大飞点击进入空间，一个斑斓得让他眼花缭乱的世界出现了，空间相册里是不一样的冯婷婷，那些照片大飞乍一看还误以为是某个香艳女星，他怎么也没想到，严肃刻板的女上司冯婷婷私下里还有不为人知的另一面。单瞧照片，仿佛冯婷婷右侧眉骨处平日里看着碍眼的黑痣都变得魅力四射了。

相册一张一张地往下翻，终于有男人现身，大飞没看错，是他只见过几次面的公司大老板徐德远。照片上，徐德远从后面环住冯婷婷，他们身体紧贴着身体，十分亲密。原来，强势刻薄的冯婷婷是个温婉可人的小三。这个发现，让大飞十分兴奋。

此时，大飞哪里还顾得上看电脑里其他人交的策划案做得有多完美，他直接把这些私密照全部转发进自己的邮箱，然后动作迅速地清理完浏览痕迹，关上冯婷婷的电脑走人了。

那天夜里，大飞睡得一点都不踏实，迷迷糊糊间满脑子全是冯婷婷穿着半露的职业装风情万种的各种姿态。自此以后，大飞成了公司里最勤勉的员工，经常最后一个离开公司。

大飞看冯婷婷的眼光开始变得不一样，他每天精力旺盛地跟在冯婷婷身后，有时会在下班的时候一直跟到她家楼下，目送她上楼。偶尔大飞能看到老板徐德远开着车刷卡进她的小区，大飞就会臆想他们在房间里发生的一切，然后隔天偷偷地开启冯婷婷的电脑，关注QQ空间的相册更新和记录的一切。

时间长了，大飞对冯婷婷的幻想和好感越来越多，就连冯婷婷不满意地将大飞做的东西像扔纸片一样甩到他的脸上，大飞也一点儿都不气，他觉得她横眉冷对的表情别有韵味。好奇的大飞忽然很想知道冯婷婷受委屈时又是哪般模样，为此他整整策划了一宿。

2

大飞寄给徐德远的邮件是在上午九点多的时候发出去的，以冯婷婷的名义。邮件里是几张徐德远和冯婷婷的亲密照，只有非常简短的几个字："二十万，不给钱就把照片寄到你家里。"

大飞从没觉得钱这么好赚，第二天，钱就汇到他的账户了。也是从这个时候开始，大飞过起了无比逍遥自在的好日子。冯婷婷的工作职权在慢慢减小，她没有了往日的盛气凌人，在大飞面前指手画脚的机会更是越来越少，只是她的情绪一日比一日低落。

冯婷婷越不开心，大飞就越高兴。别人不知道怎么回事，但大飞心知肚明。冯婷婷的 QQ 空间已经有日子没更新了，在她不得势时，大飞乘虚而入，成了唯一一个忠诚地站在她身边守护她的人。只要有她在，他的眼睛就离不开她，发现她的情绪有一点不对，大飞马上陪她说话，哪怕她发脾气摔东西，大飞一句怨言都没有。

可不管大飞如何殷勤奉献，冯婷婷对他却始终不冷不热。

倒是有一次，冯婷婷在办公室里哭，大飞连门都没敲就进去把她搂在怀里，搂着搂着，在大飞帮她擦眼泪要亲吻她的嘴唇时，冯婷婷一把推开了他，她边哭边骂，“你算什么东西，敢对我这样？”

一句话骂没了大飞仅有的一点耐心，他又一次故伎重施。他在给冯婷婷的邮件里说：“五万，不给钱就把照片传到网上。”

大飞没指望从冯婷婷那里搞到钱，他只是想让她感到生活的艰难，然后寻找一个可以依靠的肩膀。这个肩膀，大飞愿意给，他太希望让不一样的冯婷婷活生生地出现在自己的眼前。

可在冯婷婷有难时，她想到的人是徐德远。冯婷婷把这次勒索当成了机会。找到徐德远时，冯婷婷楚楚可怜地希望徐德远能像从前那样怜香惜玉，为她遮风挡雨。

“五万？你确定是最后一次？”

不多的几个字说得冯婷婷心寒。这几年，任冯婷婷如何卖力地帮他经营事业，说到底，在徐德远眼里，她和其他员工并无不同，也就是顺便陪他上上床而已。

在商海打拼多年，老谋深算的徐德海认定了这是冯婷婷的又一笔敲诈。如今，冯婷婷到了该嫁人的年龄，他不是不舍得放手，也不是不舍得给钱，但他讨厌这种要钱的方式，所以说的话毫不留情。

“想当初，你冯婷婷就是个不入流的女大学生，要不是我把你从人堆里挑出来，你能有今天？”

这便是冯婷婷自以为惊世骇俗的爱情。冯婷婷没拿徐德远一分钱，但她砸碎了他办公室里价值好几十万元的花瓶和高倍单反相机。

3

冯婷婷从徐德远的办公室出来，走得惊天动地，差不多全公司的人都听到了声响。大飞放下手中工作，毫不犹豫地追了出去，寸步未离一前一后尾随她出了办公楼，走过几条街，看她安全回到住所。

大飞在冯婷婷家的小区附近徘徊了一下午。天完全黑下来的时候，大飞潜进居民楼里，拉断了冯婷婷家的电闸。冯婷婷在屋子里待了好长时间才出来，大飞趁着她开门的间隙，呼啸着将她仰面扑倒在房间里，随后关上了房门。

一进屋，大飞就有种熟悉感，房间的布置跟QQ空间里大部分照片的背景一模一样，那些照片大飞每夜都要看上几遍，每一张都熟记于心。他紧紧地扳着冯婷婷的双手，死死压住冯婷婷的身体，眼看着长久以来的愿望就要实现，大飞兴奋得浑身颤抖。

他拖着冯婷婷，一路跌跌撞撞进到卫生间，把她推到墙角，沐浴用的水龙头里喷洒出来的凉水将冯婷婷全身浇了个透，看着她一惊一乍、嗷嗷直叫地被水淋得左右躲闪，大飞心里说不出的快活，好像玩弄了一个富豪的女人，自己的身价就也跟着富贵起来了似的。随后，大飞装出被徐德远指使的口气，要求冯婷婷写份保证书，保证从今往后，永远不再找徐德远的麻烦。他轻而易举地把自己的罪恶嫁祸给了别人。

冯婷婷恨透了徐德远。她带着这股恨意，在冰凉的水柱中，昏了过去。

清醒后的冯婷婷打电话报了警。在她心甘情愿地爱他时，徐德海怎么样都行，当牛做马都行。可在她喊停的时候，绝不允许别人欺负自己，谁也不行。

警察一环扣一环地将案件查了个水落石出，谁也没想到，幕后操纵者另有其人。一向言语不多、老实巴交的郑飞，外号大飞，他这次自编自导自演的恶作剧真的是玩大了！警察以诈骗、敲诈、勒索等数项罪名将郑飞抓捕归案，坐在监狱里，郑飞后悔极了。从小就爱搞些恶作剧的他终于承认，这个坏习惯让他在现实生活当中成为一个十足的失败者。

谁都以为冯婷婷是这场恶作剧最大的受害者，可只有她自己知道，如果不是郑飞，她此时一定依旧沉浸在自以为是的伟大爱情里，甘心做别人的附属品而无法自拔。

女人的安全感不只有男人能给，自己努力争取奋斗得来的一切才最踏实可靠，这就是生活教会她的道理。

冷漠的较量从来都是卑微者输，而且越是卑微，输得越惨。

嘿，我知道你的秘密

1

完成一场说走就走的旅行，我风尘仆仆归来，最想见的人就是胡一妍，只有胡一妍。

她正在宾馆的前台结算当日账目，我破门而入，急切地将胡一妍扯进我们的双人房。恋人之间的离别可以衡量爱的深度，同时还能丈量爱的忠诚度。胡一妍的衣服一件件褪去，我就见到了她身上醒目而刺眼的伤，三三两两，有青有红，错落在雪白的皮肉上。于是我鼓胀着的欲望便在眼花缭乱之下瞬间退却。

最初见胡一妍身上的伤，在她的大腿外侧一处，她说是宾馆前台地方太小，转身时磕青的。后来又见手肘处一道红条印痕，胡一妍说是买菜时袋子太重勒的。可锁骨下方很明显的吻痕，还有大腿内侧像是谁掐上去的手印，又怎么解释？

我的心里翻江倒海。非常想问，她还是那个在我穷困潦倒众叛亲离时，唯一愿意留在我身边的胡一妍吗？

很早以前，我独自经营着一家规模不大的旅店，有欠款，被追债，差点关门。胡一妍在我的店里帮忙，即便最困难时候也始终不离不弃跟着我，一直坚持到后来小有发展，小旅店扩张成宾馆。对她，我是心存感激的。

但此时我无论如何也感激不起来。见我沉默不语，身体疲软，胡一妍耗费半天功力，使出各种招数，我却再无一点力气回馈给她。

索性，她又将衣服一件件穿上，还佯装关心地问我是不是在外面玩得太累了。

在她即将踏出房门时我终于忍无可忍，随手一个巴掌落下去，指名带姓地嘶吼："胡一妍，你是在跟我示威吗？是想让我见识一下别的男人有多强吗？”

这是我第一次跟她发这么大的火，胡一妍摆出一副任人宰割的样子不言不语。

旧伤还没好，又添了新伤。我见她当晚在微信朋友圈上说：身体一点也感觉不到疼，只是这心，已是四分五裂。

随她去，我没理她。

2

冷漠的较量从来都是卑微者输，而且越是卑微，输得越惨。我沉默了几天之后，主动找上胡一妍，她不需要我的道歉，但欠我一个解释。

我一遍遍地问她发生了什么，她总是摇头，连话都懒得说。

其实在每次问她之前，我心里也是有些忐忑焦灼的，生怕她给我一个没有未来的答案。甚至有时我也会想，就算胡一妍有了别的男人，只要她保证断了联系，还愿意留下来，我也是可以考虑接受的。

可这想法从我口中说出，却变成了：“胡一妍，你就别指望着和其他男人幸福地双宿双飞了，做梦！”

有天宾馆客人声称他的电脑在客房服务人员打扫完房间后丢了，在他强烈要求下调看监控录像的时候，我看到胡一妍和一个男人在二楼的走廊里纠缠的画面，以及他们最终在房间共处三四个小时的事实。

再联想到胡一妍身上的伤，当天晚上，我一遍遍地追问房间里面发生了什么，可她就是一个字不说。肢体碰撞的过程中，烟头碰到了胡一妍的一缕头发，屋子里就有了毛发烧焦的味道，胡一妍终于呜咽着哭了起来。再然后，她轻轻地说，她是被那男人强暴了。

胡一妍说，她怕对自己和宾馆的影响不好，所以没敢跟任何人说。我马上做出反应——报案，立即报案。胡一妍哀求我说，事情都过去了，不想再往大了闹。她还说如果外界知道了宾馆不安全，肯定会对生意有影响。

可哪个男人愿意在这种事上宽宏大量？

胡一妍见我仍在坚持，就说，我若报案，她就离开。

3

我在梦里问神明：用什么表达对一个女人永恒的热爱？

神明回答我说：给她一个家。

向胡一妍求婚的决定早已有之，并非冲动。没有求婚仪式，没有浪漫的鲜花，就在宾馆的房间里，我准备了一枚大钻戒，还没等我单膝跪地，胡一妍就痛快地点头答应了。在我看来，不是她过于心急，而是因为感动。我们约定彼此坦诚相待，相扶到老。

去民政局领证那天，胡一妍像是故作冷静，又显得有些局促，于是她的动作和表情就又多了几分可爱。可能是紧张吧，我牵着她的手没放开过。

扯着红本本回到宾馆打算庆祝一番的时候，我就知道了胡一妍不安的原因。

接连几天，一个男人在附近街道晃来晃去，那身影我辨认得出。

趁着夜色，我终于逮到个机会，与那男人狭路相逢。敢欺负我老婆，我连让他活不到明天的心都有。但男人说了一句话，我就泄了半分气，他说："这强奸，她说是就是？"

男人显然是认得我，也似乎对胡一妍很了解。在我又一次撒气要动手的时候，他说武力解决不了问题，他还说他叫纪远达，是胡一妍的前夫。

这真让我意外，除了和我，胡一妍还和别人结过婚？她是跟纪远达离了婚以后，才有了与我的相遇。

那时我正处于窘境，胡一妍说着外地方言，来我的小旅馆应征工作。她帮我打理小店，顺带着照顾我的日常起居，生活日渐起色。好像有了胡一妍以后，我的好运气就来了。所以很早之前，我就认定了胡一妍旺我，是可以与我共度余生的女人。

4

没有人结婚是奔着离婚去的。胡一妍当初固执地穿着蓝色婚纱嫁人，没人看好她的婚姻，她还说“结婚穿蓝，海枯石烂”。可她选错了人，纪远达在胡一妍需要帮助的时候帮助了她，她就拿婚姻当回报。那时她独自经营着一家服装店，店面不大，生意却不错，总有同行或其他人故意挑起事端，纪远达用特殊的方法帮她把问题摆平了几次以后，胡一妍就把纪远达当成了依靠。直到后来，纪远达把这特殊的办法用在了家里，而且暴力不断升级，一次比一次变本加厉，胡一妍终于忍无可忍，选择了离婚。

为了不再和纪远达纠缠不休，胡一妍离开了原来的城市，也就是在她打包行李的那天晚上，纪远达酒后闹事失手伤了人，被关了起来。

一晃，纪远达从监狱里出来半年了，他也找了胡一妍整整半年，是想告诉她，他已经改过自新了，所以想和胡一妍重新开始，保证以后不动她半个手指头。是在胡一妍没有余地的拒绝之后，纪远达才有了歹意，也就有了监控录像中那不明不白的三个多小时，也有了胡一妍身上的伤。

这便是胡一妍的过去，她不想与人说的秘密。办理结婚登记时，因为是异地，还有她的户口一直和父母在一起而没有婚史记录，所以没有她的婚姻信息，我也就一直蒙在鼓里。她选择隐瞒，一来，不愿意让我知道她曾经选错过人，嫁错过人，低我一等。二来，她向我隐瞒离过婚的事实，是把过去当成了一道伤口，以为我会嫌弃她是个离过婚的女人。说到底，她是低看了我，也低估了我们的感情。

此时此刻，胡一妍正在厨房做我最爱吃的蘑菇虾仁，我望向她时，她冲我暖暖一笑。胡一妍爱我，并愿意和我一起同甘共苦。她不愿提起的过去跟现世安稳的生活比起来，实在是太微不足道了。

我真心诚意的，愿意把她的欺骗理解为一种善意的维护，并且原谅她这一次的不诚实。

我们的生活，一日三餐，小有事业，温饱不愁，我很满足。祥和而平静的一天又一天，周而复始，就这样继续下去吧。我想，若干年后，会有那么一天，我可以对胡一妍说，嘿，我知道你的秘密。

请彼此信任，
好好相爱。

非常美，非常罪

1

我说：“老婆，工资拖欠，车没油了，无以为继。”

雨菲发了个抱抱的表情，随后往我的卡里打了五百元钱。她是美丽又多情的银行柜员，钱很快到账。

收到钱的当天晚上，我在网上和雨菲缠绵了又缠绵，她几次说要睡觉，我都用文字把她留住。

我说：“老婆，你别离开，今夜我特别想你。”

雨菲说:“老公，不想再异地了。”

真的还不是时候，我设想的那个盛大的未来里，雨菲可以是公主，也可以是女王，但绝不可以是为了柴米油盐而烦恼的小妇人。

所以我的QQ签名上，不是“坚持信念，实现梦想”，就是“不给失败找借口”之类的励志语录。在雨菲眼里，我是个积极上进的小青年，若真想天长地久，就还得再忍一忍。

将近半年的时间里，我和雨菲就是靠着文字、语音和想象一次又一次地相聚。这一次在雨菲发来几个字，说:“让我去看你，或者，你来看我。”

我没回她，太累，睡过去了。

结果第二天，我接到了雨菲的电话，来不及打开变声器，她听到女人的声音开口便问:“你是谁?”

我只能答她，我是葛新宇的亲妹妹。并且，我带着哭腔地告诉雨菲，“葛新宇出了车祸，就躺在抢救室里。”

雨菲心急火燎地问我葛新宇病情如何，住在哪家医院。我一时编不好太完美的理由，只好匆忙挂掉电话。没过多一会儿，微信、QQ和微博私信分别收到雨菲的留言，她还是各种担心各种问题，还说有什么需要尽管说。

我手机关机，没再回她。

2

罗勇浩今天回家特别早，且看上去心情愉悦。饭后，他从包里神秘兮兮地拿出一条项链，说是送我的礼物，还亲手帮我摘下旧的，戴上新的。不是什么特殊节日，只是因为他又签下了一个大单子。

对他的回报，当然是在夜里。我把他当成救世主一样，极尽可能地满足他的各种需求。罗勇浩可以是我的主人，也可以是无所不能的神，只要他提出的要求，我都应允，毫不犹豫。

趁着灯光不明，我穿上了兔女郎套装，低胸衣，小短裙，再配个头上长长的耳朵和短尾巴。然后，我拿着酒瓶，来到罗勇浩的身前，用经典的半蹲式服务为他倒满酒杯。

接下来发生的一切，与我在网上和雨菲做的几乎一模一样，一个是文字，一个是现实，就像一出有剧本的演出。

罗勇浩的表情一直很愉悦，在他翻身沉沉睡去之前，呢喃轻语地说：“小微，这世上没女人比你更美妙。”

虽是最最漂亮的情话，却说得我浑身发冷，恨意汹涌。类似这样的互动，在罗勇浩和雨菲之间，或许已经发生过很多很多次。

雨菲是罗勇浩一直以来藕断丝连的前女友。在我这里，他们的奸情是在半年多前暴露的。那时我们婚姻刚刚过完周年，我发现，罗勇浩手机的通讯簿里，称为“老婆”的人是另外一个陌生的号码，这让我情何以堪？

左思右想之后，我一没哭，二没闹，不动声色，就像什么都没发生一样，仍然待罗勇浩似亲人般的好，好得无微不至，更甚从前。

也是从那个时候起，我以一个男人的身份，走近宋雨菲。

条件都是假设好的：第一，与她相隔千里，难以相见；第二，投其所好，不但分析她喜欢男人的类型，还要兼顾做最懂她的男人。

我用女人的心去理解女人，解读女人的需要，当然得心应手。不出个把月，雨菲就答应了我的追求，我也叫她老婆。

他们的爱情太不堪一击了，我最初的目的只是想让雨菲离开罗勇浩，并拿到罗勇浩出轨的证据。但交流越是深入，发现的秘密就越多，还一步一步意外知道了罗勇浩的特殊癖好，原来他喜欢角色扮演。

更为神奇的是，自从用上雨菲那儿偷来的方法之后，我明显地感觉到，罗勇浩对我依恋越来越浓。

真的，即使日日夜夜朝夕相对地做了几年的夫妻，你也不一定真正了解对方。

3

手机开机后，铺天盖地的全是雨菲的信息。接到她的电话时，我跟她说："葛新宇死了，死于车祸。"

电话那边是她哽咽的声音，句句都是难以置信，她不信QQ头像第一个灰下去永远不再亮起的居然是自己最爱的男人。雨菲还说，她要来看他。

以葛新宇妹妹的身份，我劝她不要这样做。雨菲问为什么，我支支吾吾地告诉她："因为，我嫂子会不高兴。"

雨菲沉默了很久，然后一句不言语地挂断了电话。

如果我是导演，故事到此就可以结束了，是个还算完美的结局。罗勇浩断了与前女友的念想回到我的身边，雨菲万念俱灰之后带眼识人，结交更好的男人步入婚姻殿堂。可是万万没想到，在我以为事情已经平息半个月后，罗勇浩被警局带走调查，因为他涉及一起诈骗案。

葛新宇的名字并非凭空而起，是罗勇浩公司的一个同事。可以带家属的公司集体游时，我借着登记客房的空当，拿着葛新宇的身份证在当时旅游的城市办了一张银行卡。半年来，雨菲给我转账用的都是这张卡。她顺藤摸瓜找到了葛新宇，知道他并没有死于车祸，也就知道自己是上当受骗了。

让雨菲破财，只是想快意地报复，没有任何贪婪之心。不想，却将罗勇浩送进了监狱。

在罗勇浩被带走之前，我向他坦白，半年前为了挽回他的心，骗雨菲的人是我。

罗勇浩安静地听我讲了许久，他事无巨细地问，我事无巨细地答。最后他说："小微，你说的，我都懂。"

不，他不懂，我的处心积虑他怎么可能懂。这回好了，我坐牢，他们可以双宿双飞了。

他说事情没我想的那么严重，让我不要乱说话，安心等他回家。

可请来的律师和罗勇浩说的不一样，依照诈骗的金额，以及足够的证据，立案后走上法律程序，轻则一两年，重则三四年，都是有可能的。

4

和雨菲聊天的时间大多数是在家里，电脑共用，罗勇浩一人承担，说犯错的是他。

我不同意让罗勇浩替我顶罪，他没这个义务。但面对警察的询问，我既紧张又胆怯，于是按着罗勇浩教给我的，摇头，不知道，什么都不知道。

看望罗勇浩那天，我伏在他的腿上哭了，也是头一次强烈地感觉到，他的身体那么温暖。

我问他："你不怨我吗？"

罗勇浩咬着牙根说："又怨又恨。"可是他还说："我怎么能眼睁睁看着一个女人忍受牢狱之苦。"

他跟我讲起了雨菲，其实他们并不是我想的那样，存在手机通讯录上的"老婆"真的是分手以后一直忘记了更新，后来确实和雨菲有过一些联系，可也只是彼此问问近况，关心一下而已。

我满脑子满身的悔恨，还记得刚和罗勇浩结婚时的耳鬓厮磨，那些当初说好的信任呢？

不管多久，我都要等他，然后，放下怀疑，好好相爱。我问罗勇浩，“还来得及吗？”

他拂去我脸上的泪，笑着和我点头，还把手比作剪刀状放在头顶，象征性地做了个兔女郎的姿势。

是我作茧自缚，可惜已经没有回天之力，我哭得更凶，眼泪更是止都止不住了。

从罗勇浩那里出来，我马不停蹄地去找宋雨菲，我不愿意罗勇浩背负罪名被人误会。顺道，我还带上了我冒名的葛新宇。

我和宋雨菲网上聊了半年之久，没想到是以这种方式见面。

我的解释苍白极了，罗勇浩并非她想的那样，有了家还对她骗财骗色。都怪我一时鬼迷了心窍。我愿意把她打到我卡里的钱全部奉还，而且还会补偿，多少都行，只希望能求得她的原谅。

雨菲一言不发，看都不看我一眼，只把目光投向真正的葛新宇。

后来，罗勇浩被关了一段时间就释放了，得到赔偿后的宋雨菲撤诉了。

结局要比想象的美妙，宋雨菲和葛新宇真的走到了一起。他们结婚那天，我和罗勇浩都去了，向新郎新娘敬酒的时候，除了厚厚的礼金，我还送了他们一句简单又朴实的话：彼此信任，好好相爱。

关于嫉妒这种情绪的由来，
无非就是看不惯别人比自己过得更好。

所有被伤害的情感都是罪有应得

1

“我叫王芳，我要举报中正集团销售总监李明洋，他不仅徇私舞弊吃回扣，还利用职务便利对我进行潜规则，企图同我保持不正常男女关系。”

在周末，这封实名举报信横空出世，除了李明洋的公司网站，还同时发布在几个最热的论坛平台，一时之间引发大量关注。下面留言的人很多，有同情的，有痛骂的，还有看热闹求发布潜规则细节的。

我一页一页地往下翻，看了一遍又一遍，脸红心跳手发抖，正感觉神经错乱心发虚的时候，门外响起了咚咚咚的敲门声。李明洋脚步匆匆地走进我的房间，他劈头盖脸就问："王芳，你脑子是不是有病，发那个帖子是啥意思？"

"不是我发的。"我解释说。

"别狡辩，不是你还能是谁？"李明洋步步紧逼地追问。

可我真的不知道是谁发的帖，虽然是以我的名义，可用的是新注册的 ID，没法证明是我干的事。对于我的说法，李明洋不信，用命令的口气让我赶紧在新一周上班之前把帖子删掉。

我又说了一遍："真不是我发的。怎么删？"

李明洋指着我气得说不出话来，忽然态度又来了个 180 度大转变，口气温和地说："芳芳，你先把帖子删了，其他的事我们再从长计议，好不好？"

任我怎么说举报帖的事跟我一点关系都没有，李明洋就是不信。见说服不了我，李明洋放下狠话，他说："好，王芳，大不了鱼死网破，咱们同归于尽。"然后门被哐当一声关上。

我的心情更乱了，不知道是应该痛恨这个举报帖，还是应该感谢它让我看到了一个男人最恶劣丑陋的一面。

其实，我和李明洋上个月就分手了。我们的地下恋情谈了两年，是工作上配合最默契的搭档，也是私下里最完美的情人。只可惜，李明洋有家，他和妻子感情不和，一直分居。而就在他和妻子走离婚程序时，我们却分手了。原因是李明洋不希望我们的关系被他的妻子发现，从而让他成为婚姻中的过错方，所以要分开冷静一段时间。结果直到李明洋正式办理完离婚手续，我们一直冷静着，没再热起来。

从这场分手中，我早就感觉到自己被套路了，可又不好说什么。这个举报帖发得还算恰逢其时，解了我一半的气，可我真的没想过要和李明洋撕破脸，最后搞得两败俱伤。

新一周上班时间到了，同事们三三两两地走进公司，没多久，我就被领导叫进了办公室。随后领到了处理结果，停职待岗，配合调查。

李明洋也被停职了，他说他恨透了我，连我的电话都不接了。

2

女人在苦闷的时候最爱做什么事？

倾诉。

男人把我抛弃了，我把工作弄丢了，没有比这更惨的了。翻开通讯录，我给陈焕然打去电话，未接；我又发条文字信息过去：有件事情，我要问清楚，请他来我家。

陈焕然果断拒绝了我，他回我说正陪女朋友看电影，有事可以发信息。

你看，男人都是这样重色轻友，之前我和陈焕然的关系可绝对不是这样。我说的之前，指的是陈焕然没有女朋友的时候。那时的陈焕然对我俯首帖耳、唯命是从，明里暗里想把我变成他的女朋友，可那时我的身边已经有了李明洋。

有一次李明洋送我回家被陈焕然看到了，于是陈焕然就问我为什么不给他机会，可是爱情哪有那么多道理好讲。陈焕然求我离开李明洋跟他，我说陈焕然疯了，还说这辈子跟谁都不可能跟他。

后来陈焕然知道了李明洋有家的消息，当面指责我破坏了别人家庭。那时我铁了心跟定李明洋，谁劝都没用，再说他的家庭早就坏掉了，和我无关。为了让我和李明洋分开，陈焕然还威胁过我，他说我要是再和李明洋保持关系，他就跟李明洋的妻子说，让我们不得好报。因为陈焕然坚持认为，他们夫妻毕竟还没离婚，就是我做的不对。

难道如今的被举报、被误会、被抛弃、被停职，这些就是我做错事的报应吗？

我又发去信息："就算你念念旧情，陪女朋友看完电影，再来陪我一会好不好？"

这一次陈焕然应邀而来，我用好酒好菜招待了他。席间我向陈焕然提了一个始终想不通的问题："没什么人知道我和李明洋的关系，是谁发的举报帖呢？"

陈涣然说肯定是我得罪人了。我问："你算不算是被我得罪的人？"

陈焕然一阵冷笑，他说："王芳，你不会是怀疑我吧？"

"嗯。"我点了点头，直言不讳地说："有点。"

还有就是，现在我失恋了，可陈焕然春风得意的，我有点嫉妒。关于嫉妒这种情绪的由来，无非就是看不惯别人比自己过得更好。

我喝了不少酒，陈焕然问我是不是后悔了，我不点头，也不摇头，拿起他手机给他的小女友发了一张合影。

陈焕然一把抢过手机，这回换他说我疯了。

是，我就是疯了，他不是说和女朋友感情深厚吗？不是说命中注定的缘分吗？发个小小合影又算得了什么？这点小考验都过不去还算什么真爱？

陈焕然一下子就清醒了，他怒吼着说，就不该可怜我来看我，还说我是专搞破坏的坏女人，破坏完李明洋的家庭，现在又来破坏他的。说完，陈焕然拿起衣服就冲出了门。

看他急成那个样子，我好开心，举报帖的阴霾去了大半。

3

又是三天之后，李明洋亲自登门向我道歉，让我感到很是意外。

通过一番调查，举报者已经基本确定不是我，李明洋说：“对不起，王芳，是我错怪了你。”

这句话不长，但听起来特别诚恳，也让我欣慰。我问道：“不是我，那是谁？”

李明洋开始支支吾吾，语焉不详，但我还是从他的字字句句中拼凑出了整件事情的来龙去脉，举报帖是李明洋新交的女朋友发的。其实说新也不算新，在李明洋和我交往的时候，就已经和别的女人暗度陈仓了。

对于李明洋来说，这种事他从来都是轻车熟路的。只不过，李明洋的新女友不甘于藏身暗处，发现李明洋一边拖着没和妻子离婚，一边还和我有牵扯，就在气愤之下发了举报帖。她要报复的人是李明洋，我成了她报复的牺牲品。

这多可笑，事实摆在眼前了，李明洋跟我说冷静的时候，却跟别的女人玩得热火朝天。回过头来看当初，李明洋不过就是想分手而已，何苦用那些迂回的缓兵之计呢？我又不是个爱纠缠的女人。

现在，李明洋和妻子离了婚，新女友给他下了个绊子后弃他而去，他又来找我重修旧好求复合，我问李明洋："你把我当什么了？"我可以接受他的道歉，但没办法重新接受他这个人，否则我不是疯子，就是傻子。

最后，李明洋灰溜溜地走了。我长出了一口气，心里默念着四个字：罪有应得。

听说陈焕然也和女朋友闹翻了，想来都是我瞎猜测给搅和的，所以我也主动去找陈焕然道歉。

可陈焕然说不想见我，也不接受我的道歉，他的女朋友已经跟他说分手。他说："道歉有什么用？你能让时光倒流吗？"

真的，只有禁得住破坏的情感才值得全心全意对待。或者换个角度想想，一张合影照就能摧毁两个人的感情，是不是说明感情本身就很脆弱？

陈焕然说我是胡言乱语，但我觉得也不是全无道理，所有被破坏和伤害的情感都是罪有应得。而我，作为一个被别人破坏了感情的受害者，还去破坏和加害别人，就更是罪有应得。

第二辑

物质男女

往事之所以吸引人就在于它已经成为过去。

而到了该结束的时候，

如果非要继续，

那么所有喜剧都会成为悲剧，

甚至是以闹剧告终。

错过了就是错过了，
深爱的，
或浅浅爱的。

诚实的代价

1

小韩订婚在即，举家欢庆。要说最高兴的就数韩妈了，她长出了一口气，说：“吁，我这女儿终于是嫁出去了。”这话被小韩侧耳听到，她挺不服气，说得好像自己嫁不出去似的。

韩妈喜滋滋地问小韩，“订婚仪式想要什么风格的？”

小韩答得很随意，就两个字：“都行。”

韩妈又问：“那宴请订哪家餐厅好呢？”

小韩还是简单回了两个字“都行”，那态度就跟订婚与她无关一样。韩妈怒嗔道：“自己的事自己不操心，谁愿意替你操心似的。”

见妈妈有点生气，小韩上前又是撒娇又是哄，直说形式什么的都无所谓。

韩妈收起怒气，看了看女儿，就开始若有所思起来。这可不是什么好苗头，韩妈劝小韩，“关乎一辈子幸福的婚姻一定要慎重选择才是，哪怕不结，也不能错结。”

小韩挥挥手，举棋若定地说她要嫁的准老公老实忠厚，品性纯良，她是想好了才决定走进婚姻的，慎重着呢。

韩妈听后，也不好再说什么。知女莫若母，韩妈知道，小韩多多少少还是对过去有些介怀。

小韩在未婚夫李大伟之前，还有个爱得死去活来的前男友，名叫杜哲。

2

杜哲见过小韩父母。那还是在一年前，小韩爸爸第一次心脏病住院的时候，母女两个被吓得手足无措，杜哲帮了很大的忙，联系主治大夫、找床位、请护工，楼上楼下做各种检查化验。

小韩爸爸在医院里一住就是半个多月，被照顾得很好，小韩家人都对杜哲感到非常满意，交际广、能力强、不小气，细心体贴又周到。韩妈止不住地说："这人的优点一大堆，都不知道怎么夸好了。"

唯一不好的，小韩没跟爸妈老实交代，杜哲有家室，正在和妻子办离婚。

杜哲不是什么富二代，辛苦创业才成中产，从一个小小工作室打拼到现在拥有七八十名工人的服装厂。小韩是后来进入杜哲公司的，起初是个设计师，接连着设计了几款低库存的爆款，渐渐得到杜哲的赏识。小韩是个懂得感恩的人，这一点杜哲看得清楚，他放心地把公司里除设计以外的其他重要事情也交给小韩处理，而更让他欣赏的是小韩为人低调，她从不炫耀自己的成绩，从不利用和他的私人关系以及所处的地位在公司同事面前耀武扬威，而且还处处为他着想，为公司利益着想。

杜哲和妻子关系紧张，走到离婚这一步，不全是因为小韩。杜哲的妻子在圈里是小有名气的模特，也曾是杜哲公司的御用模特。能娶上她，杜哲是花了一番心思的。当时在结婚之初就有约定，为了保持身材，两个人要丁克到底。

杜哲喜欢小孩子，但他在意的并不是婚后妻子给不给他生孩子这件事，而是他在家庭中感受的温暖越来越少。小韩就是这个时候出现在杜哲的生活中，杜哲是想过要给她婚姻的。

小韩从没争过抢过，也从来没觉得自己在破坏别人的家庭。她认定了她和杜哲之间是真爱，而最终让小韩决定放弃，不是不爱，而是因为杜哲的妻子怀孕了。

杜哲一再跟小韩道歉解释，说他那天喝多了，才稀里糊涂地和分居已久的妻子同了床，但小韩真的不恨杜哲，她觉得杜哲配得起圆满的生活。

3

难道小韩对杜哲就没有一点不甘心？

知道这件事情的亲朋好友都替她感到惋惜，谁让好男人结婚早呢，他们挺支持小韩成人之美的选择。就是嘛，结了婚的男人不能碰，这是大忌，是底线。

彼此真心相待的小韩和杜哲，谁也不算辜负谁。小韩不再提爱，她说是曾经沧海难为水。

自从和杜哲分开，小韩便离开原来的公司，走了一条杜哲走过的路，搞起服装私人定制的工作室来。

李大伟是通过客户介绍认识的，看上去为人不错，规规矩矩，本本分分，老实忠厚又可靠，相处半年多，双方都挺满意，于是开始谈婚论嫁。

眼看着小韩要订婚了，韩妈几次犹豫了又犹豫，徘徊了又徘徊，终于开了口。她跟快要嫁人的小韩说："结婚以后，该说的说，不该说的不要说。"

小韩问："什么该说，什么不该说？"

韩妈语重心长地看了看小韩，说："杜哲就绝对不能提，毕竟这段感情本质上说是一段不光彩的婚外恋，所以一个字也不能说。"关于这些，韩妈跟小韩说："放聪明点儿，不能提，即便是说也要轻描淡写地说。"小韩却觉得，对人要真诚，特别是和共同生活的人。李大伟不问便也罢了，要是追问起从前，她没有隐瞒的打算。

韩妈没办法了，便重重叹了一声气，走出了小韩的房间。

4

小韩和杜哲相遇，是在离订婚还有五天的时候，她正在和李大伟购买要派发的喜糖和卡片。

看到小韩找到了一个好归宿，说实话，杜哲心里挺不是滋味，但也表示欣慰。如果不能相守，这可能是最好的结局了。没想到的是，第二天他就接到了小韩的信息，定好了时间，约他在小韩工作室见面。

杜哲左思右想，准备送份大礼给小韩，于是买了一部新车，直接开到了小韩工作室的门外。小韩跟杜哲不是为了他的钱，这么贵重的礼物她不打算收。可杜哲说，车主名字登记的都是小韩的名字，而他想给她的又何止这些而已。再说，她那么帮过他，这是她应该得的。

小韩几番客气之后收下了杜哲的礼物，她想着杜哲的孩子快出生了，到时再把这份人情还回去。

李大伟的好奇心早就被那次偶遇勾起来了。当然，在李大伟问起时，小韩就如之前所讲的那样，很坦荡地说了和杜哲之间的过去。李大伟听后痴愣了许久也没说话。照理说都是过去的事了，关键是活在当下，可后来李大伟的表现，让小韩越来越失望。

一向老实的李大伟学会了冷嘲热讽，他话里有话地说小韩开车去给别人量衣服时特别的威风八面。他还学会了怀疑，哪怕小韩有一会儿行踪不明或联系不上，他都草木皆兵地问是不是碰见别人家的老公了。而最让小韩感到无法接受的，是李大伟不经意说出的一句话，他调笑着追问小韩，“有没有总结过转正失败的原因？”

终于，订婚过后，没等来小韩正式的结婚礼，她没有勇气忍受将来和这个男人一起生活。

5

小韩也怀疑过自己，是不是做得不对，不应该不听妈妈的话。毕竟人生在世，做不到事事坦荡。可她一点都不后悔，如果以后再碰到同样的事，她还是会做同样的选择。她始终相信，会有那么一个人，理解她，包容她，而且懂得她。

得知小韩失婚后的杜哲，在第一时间向小韩道了歉，他为自己惹出的麻烦而感到愧疚。虽说是接到小韩信息他才前往，可是真的不应该那么鲁莽。

“等等，什么信息？”小韩一脸茫然。

看过杜哲的手机，小韩明白了，她从不曾主动联系过杜哲，原来是李大伟的心里早就有了芥蒂和怀疑，那个信息不过是他的一场求证和试探。

得知真相后的小韩一副更加释然的态度，错过了就是错过了，深爱的，或浅浅爱的。而且，通过这一次，她也不打算随便和谁将就着过日子了。放低要求对未来没有一点好处，她要好好地生活，安静地等待，等着迎接下一个能够真正征服她的男人缓缓走进她的生命，情投意合地开出艳丽美好的花来。

男人们离开的神情、态度、决心，
甚至是速度，
都不相上下地相似。
我就不断地反思自问，
到底是哪里做得不对呢？

我到底哪里不好

A

苏周执意要和我离婚，他的态度非常坚决。同样，我的态度也很坚决，不同意，就是不同意。

作为妻子，我勤俭持家，善待老人，没做过什么对不起他的事。日子过得好好的，况且现在孩子还小，离婚也得需要理由的不是吗？

苏周说，他就是过够了，一天都不愿意再这样重复地生活下去。我不同意，没法同意。苏周说：“阮宁，我知道你是个好女人，为这个家付出很多，但是，对不起。”

“家都要散了，说对不起有什么用啊？”

在苏周的坚持下，他提出了最后的条件，那就是他净身出户，什么都不要，还会按时付抚养费和生活费给我。我当时的心情很复杂。自己对他平时在家这样地不快乐竟然浑然不知。一个人得被生活折磨成什么样，才能做出如此毫不留余地的决定？

毕竟夫妻一场，现在孩子都已经两岁半了，虽说当初是奉子成婚，可也不是全无半点感情。我问苏周，“我到底哪里不好？为什么非离不可？”真的，我哪里不好，只要他提出来，我都愿意改正。人生本就是一个不断完善和修正的过程，只有这样，才能顺利抵达圆满和完美。

苏周听了我的话连连摇头，他一开始极力回避敷衍，根本不愿意正面回答我，只一味地说错在于他。见软磨硬泡的追问不管用，我打算转换走心策略。

B

等晚上孩子睡了，房间里安静下来的时候，我走进他的书房，试图和他谈谈心。基本上，每一次谈心的开场白都是，“苏周，我知道，我们的婚姻从一开始对你来说就是不公平的，我知道是我欠了你的。”

苏周说：“阮宁，你别这么说。”

“不，都说一日夫妻百日恩，如果两个曾经相爱的人不得不面对分离，当然最好要怀着感恩的心好聚好散。”终于，苏周渐渐对我敞开心扉，向我道出了实情。他出轨了，已是三个多月以前的事了。

说实话，我不是毫无察觉，但本着夫妻间的尊重，我没有问过一句。

三个月前，苏周去参加毕业十周年的同学会，很多同学克服距离的障碍远道而来，其中就包括林晴。林晴是苏周大学时代的女朋友，也就是苏周的出轨对象。当初在学校时，两个人也曾花前月下山盟海誓，却因为一时之气而分手，接着林晴就远走他乡失去了消息。

而这三个月来，他们不仅在情感上互相宣泄对婚姻的苦闷和不满，苏周还为林晴租好了房子，找了工作，只为把她留在这座城市。现在的他们，浑身上下一股激情满满万事从头再来的劲头。

苏周坦白承认，他喜欢林晴的坦荡、直白和简单。在苏周眼里，我和林晴绝对是不一样的女人，他觉得我理性而又独立，不像林晴，太过单纯，需要人保护。可是，如果有男人把自己当成小女孩一样宠着爱着，哪个女人愿意独立呢？

现在的苏周对林晴充满愧疚，他说几年前分手是因为都太骄傲，但其实他们是相爱的。飘飘荡荡各自成了家之后，感情随着同学会上的重逢迅速死灰复燃，于是两个人一拍即合，打算各自离婚重新在一起。

C

苏周要离婚，我怎么还能坐以待毙？

晚上的时候，我偷偷从苏周手机里找到林晴的电话，第二天把她约在一家咖啡馆面谈。我想劝她的是，她还没孩子，不像我和苏周，离婚对孩子的伤害太大了，让她不要再缠着苏周，破坏我的家庭，也拜托她不要伤害一个只有两岁多的孩子。

不顾尊严的乞求实在是太卑微了，总会让人瞧不起。何况，林晴现在已经胜券在握，没说上几句，她就高傲地离开了，临走之前，她说：“你以前不是也离过婚吗，凭什么劝我？”

我真是无话可说。

我们结婚前，苏周是单身，我却有过一段短暂而失败的婚姻，这是我一直觉得亏欠苏周的地方。对于我私下找林晴这件事，苏周很反感，甚至表现出生气的态度。最后一次他气势汹汹地回到家，说：“阮宁，你放过我，放过我和林晴，这也叫一种成全。”

说完，他将拟好的离婚协议书递到我面前，还拿出笔让我在上面签字。

他去意已决，而且已经对我表现出一种厌烦之态，对待孩子也是视而不见。再多的挽留都没有意义，于是我答应他隔日去民政局领证离婚。

D

电视剧上对于离婚的情节渲染得太多了，其实离婚简单得很，不用私下签什么协议，只要到民政局，现成的、有法律效力的协议都给准备好了，往上填就行。在这一点上，我还是比较有经验的。

最终，我和苏周成功离婚了，他净身出户，按月付抚养费和生活费，每月探视孩子一两次。有哪个女人愿意成为离婚女人？而我已经是个离过两次婚的女人了，还带着一个孩子。

这一次，和上一次，其实有那么一点相似。男人们离开的神情、态度、决心，甚至是速度，都那么地相似。我就不断地反思自问，我到底是哪里做得不对呢？

我的上一段婚姻维持了一年多，那时候我以为爱情比天还大，对男人的要求高，恨不得他成天围着我转才行。或者也是因为那时年纪小，玩心重，对待婚姻尚不懂得经营、克制和伪装，搞得家不像个家，婆媳关系也处理不好。后来前夫在非常疲惫的情况下离开了我，可他转身就神速地和初恋复合了，听说也是在一场同学会上。

遇到苏周，已是我第一段婚姻结束两年以后，我逐渐体会到操持家务的美妙，还做得一手好菜。到了这个年纪，也开始懂得在说话时语气尽量平和，多与人为善，很少娇纵任性。所以婚后和苏周在一起的生活，平平淡淡，下班回家，洗衣做饭带孩子，我自得其乐。

两段婚姻对比下来，虽然我改变了，可结果都是男人厌倦地跑掉找别的女人。

一定还是哪里不对吧，我从没放弃过寻找这个问题的答案。有时候我甚至会想，如果以后再遇见合适的男人，要以什么姿态迎接新的感情呢？

E

转眼，孩子满三岁上幼儿园了，我好像一下子失去了生活重心。

我和苏周离婚也已经有半年了，这段时间的生活虽不能用暗无天日来形容，但过得确实有点封闭。父母见到我这个样子总是劝我多出去走动走动。

一次孩子病了去医院，恰巧遇见了一个高中同学，他应该是这个医院的医生，名叫陈志远。说实话，我对他的印象已经不怎么深刻了，但他却当场叫出了我的名字。聊了一些近况之后，他递给我一张名片，原来是个心理医生，有自己的工作室，和医院是合作关系。临分别时，他很积极地说要组织同学聚会，让我一定参加。

我对同学聚会是心存偏见的，两段婚姻失败，多多少少都跟这种形式的聚会有点关系。但当我头一次进入那种场合，却有重获新生之感。和同学们聊起往事时，同学们记忆中的自己，遥远得好像是上辈子的事一样。

陈志远说："阮宁，你看起来没有上学那时候自信了。"是吗？我自己并没有感觉，多年来家庭主妇的单调生活我已经习以为常了。

那天，陈志远坐在我面前，具体我也不清楚是他的哪句话突破了我的心理防线，或者是他心理医生的职业身份让人感觉到情绪上的安宁。我向他问起了积郁心里已久却始终找不到答案的问题："我想知道，婚姻失败，我到底哪里不够好？"

到底是职业医生，后来陈致远帮我想了个办法。他说我可以列一个前男友问卷，发放给和我有过交往的每一个男人，从而更了解自己。

回到家后，我真的就照着陈致远说的做了，而且条条框框的问题还让他帮我看了一下，得到他的准许，我才把电话打给每个人。

我想联系的只有三个人，除了我的两个前夫，还有一个初恋男友，也是我婚前唯一交往的男朋友。我的初恋男朋友现在婚姻生活很美满，对于我的问题，他说我没什么不好，再说当初是我主动离开他的，答案不具备参考性。对于这点，我们的理解不同，那时都太年轻，不懂爱情，也不懂得珍惜。

而我的第一任丈夫，他听说我要问的事后，说我无知，幼稚，外加荒唐。他并不愿意给出任何答案，说过去的已经过去了，没必要再追究。

苏周倒是很耐心地问了我事情的来龙去脉，知道我想更好地面对未来的生活时，他忽然就柔软了起来，还说我只是没有遇到合适的男人而已。

这个调查显然并不成功，在去心理诊所的路上，我思绪万千。当我一心想寻找答案时，却看到陈致远同样为爱而不得的感情受着折磨，那一刻，我豁然开朗。

有些事情就是这样，即便是医生也医不了自己的病。其实，我们都是凡夫俗子，生存在这世间，做不到让所有人满意。刻意的伪装和强烈的克制，都无法让生活更加美好。我为什么一定要一味迎合别人，却在这个过程中不知不觉地忽略自己的感受？所以，做真实的自己，不去刻意迎合谁，讨自己的欢心，也许才是生活的真谛。

任何风雨飘摇不靠谱的爱情，在经过这么一场婚礼的洗礼后，都会变得圣洁起来，给人实实在在的幸福感。

疯狂结婚是一种病，得治

1

在悉尼的海港大桥上，程琳琳和胡冰的婚礼如期举行。那是一场盛大的集体婚礼，黄头发、红头发、棕色头发的新娘们，还有黑头发的程琳琳，清一色地穿着洁白的短裙婚纱，和新郎手牵手沿着狭窄的小道爬过二百个阶梯。这一路走得艰辛，程琳琳几次脚下不稳，被胡冰一把扶住，等终于登到拱桥上，俯瞰美不胜收的悉尼美景，程琳琳依偎在胡冰的怀里长舒了一口气，她忽然觉得所有的辛苦都是值得的，或许这就像爱情，只有登顶才能见证美丽，而幸福来得没那么容易，所以才会让人特别珍惜。

在这次之后，仅仅相隔十一天，程琳琳和胡冰的最后一场婚礼准时开启了。在米兰市中心哥特风格的大教堂里，阳光自教堂高高的窗子洒进来，照在程琳琳洁白的婚纱上，她幸福得快要眩晕过去了，伴随着准时响起的赞美歌，胡冰掀起她的头纱，在她的脸颊上落下深情一吻。

整整两个月，胡冰和程琳琳游遍欧洲，辗转七个国家，办了七场各式各样不同风格的婚礼，光结婚证就领了六个。每一个地方、每一场婚礼、每一个结婚证，都是那么的让人难忘。特别是最后一场教堂婚礼，那是程琳琳的一个心结，而胡冰是她唯一的解铃人。

三年前，程琳琳最好的闺蜜苏珊的婚礼也是在教堂办的。不要以为谁都可以随随便便把婚礼安排在教堂，必须夫妻其中一方是基督徒才可以，而苏珊嫁的那个国外的基督徒，足足比她大了十九岁。

这段姻缘任谁看来都有几分轻薄，比如，老外是苏珊一次醉酒后打出租车时的艳遇，当时车里坐了好几个人，可就是那么恰巧的，他们两人看对了眼，不仅迅速互相认识，还在分别前留下了联系方式；比如，苏珊和老外的语言沟通有点困难，有时看他们一起讲话还得用手比画，或者用一个手机即时翻译小软件，甚是为难；比如，苏珊没去过老外的故乡，不知道老外家境几何，家里还有什么亲人；而他们最不被人看好的是，老外只比苏珊的父亲小五岁，这微小的差距让人望而生畏。

可婚还是结了，正宗的西式婚礼，有牧师，有庄严的结婚誓词，还有唱赞美歌的孩童。婚礼从头至尾让坐在礼宾席的程琳琳感受到震撼，那种庄严和神圣感让她有了从未有过的体验。如此看来，任何风雨飘摇不靠谱的爱情，在经过这么一场婚礼的洗礼后，都会变得圣洁起来，给人实实在在的幸福感。

自此以后，程琳琳开始迷恋教堂中的婚礼，可惜，身边的胡冰不仅不是基督徒，而且对结婚这事根本没什么兴趣。

2

人生无所谓苦乐，有了欲望便有了苦乐。从这以后，程琳琳的生活终于有了欲求得不到满足的别样滋味。她和胡冰恋爱三年多，同居快两年了，各方面都称得上和谐，郎有情，妾有意，小日子过得和和美美，可就是有一点不如意，不管程琳琳如何明示还是暗示地想结婚，胡冰总是觉得时间尚早，一切都来得及。

胡冰在创业，公司虽然开着，但离赢利上轨道还有一段不小的距离，甚至有时候胡冰只要一想到身背贷款却事业无所成，他和程琳琳之间的那点激情就能瞬间降到冰点。

终于在胡冰生日的这一天，程琳琳送上亲手做的蛋糕之后，趁着胡冰心情好又提起结婚的事，胡冰一把拍响了桌子，说："难道我们非要用贷款办婚礼，这样的婚礼又有什么意义？你就不能多点耐心？"

程琳琳既委屈又愤怒，胡冰竟然这么大声地跟她吼。不想结就别结，我就不信自己还嫁不出去了。程琳琳一个转身，决绝地离开了胡冰，任胡冰在她身后再三解释：他没有发脾气的意思，桌子被掀翻，他不是故意的，就是有点激动，用力过猛。

什么解释都没用，程琳琳去意已决。从此，她一心想把自己嫁掉，所以只谈为了结婚而谈的恋爱。

“那就相亲吧，”苏珊给程琳琳提出建议，“相亲的人个个都是奔着结婚去的，看各方面条件合适再发展，免得在谈情说爱上瞎耽误工夫，浪费感情。”

刚开始程琳琳不习惯，几场相亲下来，她感觉自己像是菜市场案板上待售的鱼，等着男人挑来挑去。苏珊立马给她指正，她也可以主动地对别人挑来挑去，可程琳琳见的每一个相亲男都不怎么靠谱，有吹牛的、抠门的、炫富的、哭穷的，只有想不到，没有看不到。程琳琳也不知道自己哪里来的火眼金睛，总是第一眼就能发现别人身上的缺点。总之，都不满意。比胡冰有钱的，没有胡冰帅；比胡冰帅的，没有胡冰上进；比胡冰上进的，又没有胡冰那么温柔。

后来，在苏珊的引荐下，程琳琳和一个叫迈克尔的老外走到了一起。相处半年，程琳琳的外语突飞猛进，老外的中文也越说越溜。等他们基本能用同一种语言畅通无阻地沟通结婚事宜时，程琳琳退缩了，老外也没那么勇敢了。

说好的教堂婚礼呢？说好的涉外婚姻呢？程琳琳觉得，渴望了太久的东西，在即将得到的时候，却少了一分激情。

就这样时间一晃过去了两年多，程琳琳仍旧一个人，形单影只急切地想结婚。兜兜转转间，在一个朋友的婚礼现场，她与胡冰再次相遇了。

3

那是一场草坪婚礼，有花环，有酒杯，还有三四岁的小花童，程琳琳和胡冰分别是伴娘和伴郎，他们异时异地而处，心里说不出的千回百转。杯盏之间，程琳琳半醉着说："胡冰，你欠我一场婚礼。"

"欠吗？"

"欠！"

"那我能补吗？"

"能！"

曾经相爱的人重修起旧好来总是比开始一段新的感情更容易一些。在程琳琳和胡冰重遇后的第二天，两个人就一起坐上了飞往澳大利亚的航班，于是有了七场婚礼，六个结婚证。对程琳琳来说，这一趟为期两个月的旅行美得像一场不切实际的梦，但她却真实地触碰到了。可这美梦怎么说醒就醒了呢？

回国以后，胡冰又开始继续忙他的事业，也不再主动约会程琳琳了。

还有关于胡冰更劲爆的消息，把程琳琳打击得体无完肤，苏珊告诉程琳琳，“胡冰已经结婚了，早就有了自己的合法妻子。”听到此处，程琳琳把六张不同国家领的结婚证一一拿了出来，她有点歇斯底里地喊，“他结婚了，那跟我算什么？”

“只是圆梦而已。”苏珊好言安慰着程琳琳，“你不是把浪漫的教堂婚礼当梦想吗？这是胡冰欠你的，他还你也应该。”

说起和胡冰的分手，程琳琳总是有些后悔的。而她之所以这么久还落单，最大的原因就是爱拿恋爱对象和胡冰比。胡冰除了不想和她结婚以外，其余都挺好。可这婚，为什么胡冰转眼间就能和别人结？

苏珊淡淡地说：“当初，他就是不想和你结呗。”

女人最容易高估的两件事情，一个是自己的能力，一个是男人的感情。程琳琳以为重逢之后的胡冰没走多远，谁知道一个转身就各奔天涯了。

报复！

这是赤裸裸的报复，报复她当初的一走了之。程琳琳心里恨恨地想。

是夜，程琳琳独自一人走在江边的大桥上，过去的许多回忆涌进她的脑海，都是关于胡冰的。以前他们总在饭后来这里悠闲散步，也在这座桥上争吵过、嬉笑打闹过。

想到这里，程琳琳终于泣不成声。

忽然，桥头的灯塔亮了起来，像一道追光打在程琳琳的身上，程琳琳赶紧擦干了眼里的泪，匆匆忙忙来往的人群停了下来，程琳琳隐隐约约见苏珊眉开眼笑地站在不远处。片刻，胡冰手持鲜花出现在程琳琳的身前，胡冰说：“这场求婚，也是欠你的，得还。”

程琳琳生气地转过身，她可没办法再相信胡冰了。苏珊忙上前把事情说了个来龙去脉。这几年，其实胡冰并没走远，他一心干事业，终于算是干出了成绩，只是程琳琳仍是他心头的结。

欺骗和等待都有过，胡冰这一番，只是想让她学会耐心和珍惜。还有，疯狂结婚是一种病，得治！

程琳琳一听笑得前仰后合，其实她这病，早在胡冰的医治下，痊愈了。

我想以后的人生，
应该是有一幢房子，
守着自己爱的女人，
过一些恬静而平淡的日子，
也许还会生两个孩子，
再把爱给予我的孩子，
日日看他们在我膝边玩耍打闹。

你愿意等我吗？

恨会让一个人变好

周末去赴一个哥们儿的约，刚进酒店大厅就见一群高个子美女，其中有一个女孩儿素得显眼。她的唇色有点发白，不戴美瞳，头发直直长长，猛一看，有点像大学生。最闪亮的地方是她的指甲，细长的手指尖花花绿绿的。

和我目光一相遇，她直接奔着我就过来了，自我介绍说她叫何思思，找我有点事。我并不认识她，何思思紧接着说，她想租我在市中心商业街的一个门面房，可她的钱不够提前缴半年的铺面租金，问我能不能宽限一下，先交一个月的，其余的随后一点点交。

可我现在有事，何况商业街租房的事我已经交给一个哥们儿帮忙打理了。

我拒绝的话刚说出半句，何思思就急忙说："高哥，那我在这等你行不行，等你完事再考虑考虑租我房的事儿。"

什么时候结束真没定，我说让她先回，就赴约去了。

等再见到何思思，她还在酒店大厅，头发挡住大半张脸，困得头一点一点的。我经过她时，她突然醒了，在我耳边碎碎念着租房的事。

我说："车上说。"她就跟我上了车。

喝的酒有点上头，我把头靠在车后座的椅背上，含含糊糊地听何思思讲她的企图和梦想。

我让司机把车开到宾馆，再顺便开个房间，等司机拿着房卡回来时，我看了何思思一眼，说，"上去谈？"她就尾随在我身后进了宾馆的房间。

为了租个房就能献身，现在的女孩子越来越没操守。

那晚我一点强迫何思思的意思都没有，是她说的，"高哥，只要你能把房子租给我，我愿意做任何事。”

有些女人也的确是这样，明明可以靠男人，却偏要靠自己。

我在商业街的门面房有十几套，基本都是地理位置最好的，的确是有个快到期的，我答应何思思先租给她，租金可以到期付，她乐得合不拢嘴，开心地笑了，笑得我心里有点不是滋味。

女人脸上这种有点单纯的、轻易得到满足之后显露的笑容我见过，好多年前就见过。

许多年前，某日突然有了三百块钱的意外之财，我第一个想要分享的人就是青梅竹马的女朋友钟秀，我带她吃大排档，逛游乐场，她就特别开心地笑了一路。可后来她在问清我这钱的来路以后，就摔了手里的冰淇淋不再理我了。

钟秀离开时责怪我说，我答应她好好做人的承诺是假的，所以她对我失望透顶，她觉得我就是一个烂人。

我离异的父母早就放弃我、对我失望了，一直支持我的就是钟秀，可是当她开始瞧不起我并离开时，我却感觉到了强大的孤独，好像整个世界都不要我了。

那时的我，年轻有力气，可找工作却处处碰壁。我想，人生不该是某种特定的样子，应该还有别的活法。天无绝人之路，我终于发现了一条商机，用身上仅剩的二百多块钱买了一辆二手的三轮车，然后给各个夜市的大排档送啤酒。辛苦是当然的，但钱赚得干净，慢慢地还能积少成多。

到现在，十几年过去了，我买下市中心最繁华商业街的一整条门面房，而且还有了自己的公司。钟秀应该是后悔极了吧。

无爱无恨无情人

何思思又找上门来，我不喜欢这样的女人，更不喜欢和同一个女人重复打交道。

我三十四岁，至今单身，不缺女人，却没有女朋友。我没有走进别人心里的欲望，同样，别人也走不进我的心。女人们浓妆艳抹，曲意逢迎，除了名字不同，别的没什么不同，像是一个模子刻出来的。

何思思找我说是要道谢，我说不必，便把她打发了。可她就是缠着我不放，一遍遍地说我是好人。

曾经，钟秀也寻过我，在我有了钱以后。可是，早知如此，何必当初。她不是看不起我吗？我若接受了她投怀送抱的示好，岂不是成了挥之即去、招之即来的男人？我也是有自尊的人。

那次她找我之后，我稳稳当当地把她送回家，还留给她一沓钱。她说："鬼子，你以为我找你是为了这点钱？"

鬼子是我的外号，叫了许多年，只是越到后来，这么叫我的人越少。我从钟秀那天的穿戴看得出她过得并没有多好。我不管她是不是为了钱找我，但那一天，仍然年轻气盛的我确确实实用钱换来了羞辱她的快感，那是一种短暂的、空前的满足。在我穷得走投无路时狠心离开我的女人，还能让我怎样相待？

就像何思思，要是没遇到难处，她能找上我？我要没钱没势没能耐，她能找上我？

何思思把我当励志偶像，口口声声说"高哥是个好人"。

我能有多好？简单的女孩子能有多大的见识？

说到见识，正巧我可以带她见识见识她说的我的"好"。钱给人带来的好处就是可以极致地享受生活，挥霍也是有快感的。

我在郊外僻静处有个独门独院的小别墅，平时铁门紧闭不待客，只有周末才热闹非常。小别墅有个地下室，是一个有模有样的小赌场，一些要好的兄弟时不时来光顾一下。

那天，我把何思思带进了烟气缭绕的小赌场，有几个兄弟还带了点好东西要享受享受，我就另开了个房间给他们。

夜半的时候，别墅里进来了好多穿制服的人，警察把里面的人全抓走了，包括我和我带进来的何思思。那个时候我产生了幻觉，是何思思举报的，我就追杀她，可也有人追杀我，我就拼了命地逃跑，但没跑掉。

等清醒的时候我已经被关起来了，涉嫌聚众赌博和容留他人吸毒。

何思思是最早被放走的一个，她走时我已经被转移，关进了一个农场接受劳动改造。

日子是清苦的，我却感到有些许的放松，劳动改造的那段日子，我想起了很多从前的事。

我心中妻子的位置，除了钟秀，好像真没有别的人适合。

后来，大概是在钟秀唯一找我的那次三四年之后，听说她得了乳腺癌，我吃惊不小。等再见她时，已是一座墓碑。墓碑上她的照片，还是我们上学时候的样子，钟秀就安静地躺在下面。她对我的爱恨也好，失望期望或恨铁不成钢也好，最终都归了尘土。

钟秀的离去让我一夜之间想明白了许多，可能也是人到中年没那么叛逆了，那时我才意识到，始终是我辜负了一个女人，却再也没有机会补偿了。

爱会让一个人变坏

其实，何思思也不算坏，简单，执着，有自己的理想和追求，和钟秀特别相似。最可贵的是那份单纯。和她在一起，有时会让人忘记那些世俗浮华的东西，也让人变得简单。我想，如果出去了，如果何思思愿意，试着交往交往也不错。

走出看守所大门的那一天，蓝天白云，空气清新，我的兄弟们都来了，围在我的身边嘘寒问暖，说是要给我接风洗尘。一群大老爷们儿中间，我看到了何思思，她还是那么素，一副大学生的模样。我深呼了口气，朝何思思走了过去，一把将手搭在她的肩上，把她拥进怀里，而兄弟们跟在身后，那感觉，好像又活了一次。

我想以后的人生应该是另一番样子，褪去繁华和浮躁，不去想什么生意，也不太计较得失，只是一幢房子，守着自己爱的女人，过一些恬静而平淡的日子，也许还会生两个孩子，再把爱给予我的孩子，日日看他们在我膝边玩耍打闹。

梦想才开了个头，好日子一天都没过，我又被警察带走了，是关于很多年前的一个案子。

十七年前，一个月黑风高的夜，我遇见两个人，他们问我想不想弄点钱花花，我说想，于是我们三个人就锁定目标抢了一个人。当时抢了两千块，去步行街挥霍一阵后，每个人分到了三百块钱。

这三百块就是我发家的老本。也是因为这三百块的来历，钟秀说我走上歧途，离开了我。

后来案发，那两个人因为和我并不是很熟，他们只知道我"鬼子"的外号，却不知道我姓甚名谁，我才侥幸逃过一劫。而这一次我出看守所时，朋友们唤我"鬼子"被警察听到了，天网恢恢，疏而不漏，多年前的案子被翻了出来。这债，注定是要一笔一笔地还。

我在狱中的时候何思思来看我，她跟我说外面的消息，公司半死不活快解散了，兄弟们也都另谋出路走得差不多了，她说，她在商业街的生意还不错，而且按约定房租也到了交款的时候。她递给我一张卡，说把房租都存在了卡里。

何思思是个好姑娘，家境一般，想靠着一技之长在大城市立足，那志气和我当年风风火火骑个三轮车拉啤酒时挺像。

我问："思思，你愿不愿意等我？"

她说："高哥，我愿意。"

"别叫哥了，显得生分，"我说，"叫我大勇。高大勇才是父母给我起的名，虽然不怎么常用。"

何思思点了点头。她说，她早就见过我，在我给大排档送啤酒的时候，她正在那附近上中学，常见。

虽然对那时的她没有一点印象，但我点头说，我信。就像我信她能够等我一样。

过去的就让它过去吧，
是时候开始新的生活了，
毕竟，
女人在任何时候开始新的生活都不算晚。

唐大伟的青春梦

幼儿园里的男阿姨

林雪琳把三岁的女儿萱萱送到小区内的“双语幼儿园”，原因除了幼儿园环境、管理和各项配套措施的国际化外，还有就是因为园里有一位名叫唐大伟的男老师，林雪琳是想弥补一下女儿在家庭教育中缺失的父爱。

萱萱很乖，不过分黏人，唐大伟给她扎小辫子时，她安安静静；给她洗小手时，她半竖起手指轻轻挠他的手心。林雪琳曾专程找过唐大伟，她特意嘱咐，这孩子除了她本人以外，谁都不可以从幼儿园把她接走。

可还是防不胜防，星期五唐大伟轮休在家，偏偏在这一天，萱萱被爸爸提前接走了。下午四点多，唐大伟接到林雪琳打来的电话，一接起就是声嘶力竭的女高音："唐大伟，你不是答应我好好保护萱萱的吗？孩子不见了，你要负全责。"

心有愧疚的唐大伟穿衣出了门，他要去看看林雪琳，也许事情并没有她想的那么复杂，只是出于父亲对孩子单纯的想念。

这话林雪琳说什么也不信。关于林雪琳和丈夫周峰的婚姻，他们房子分好了，财产分好了，就差孩子的抚养权，争得你死我活，谁也不肯退让一步。

当初，林雪琳是想通过萱萱挽留周峰，可周峰太决绝了。林雪琳想不明白，周峰明明在外面有了新欢，想要孩子可以再生啊，为什么现在非要跟自己抢萱萱？

突如其来的脚步声

唐大伟是个单身小青年，面对一个伤了心的女人，他显得有点笨拙，想安慰一下却不知道该怎么做，只能无声地看着林雪琳蜷缩在沙发前的地毯上哭泣和痛斥，然后在林雪琳需要的时候递给她一张又一张的纸巾。

地上的纸巾越来越多，唐大伟打算清理一下，把林雪琳从地毯上扶起来的时候，林雪琳的腿麻得不听使唤，她的身子微微一倾，就和唐大伟一起倒在了沙发上。林雪琳稍稍调整了一下，又在唐大伟的怀里哭了起来。

唐大伟闻得到林雪琳身上淡淡的香气，拿着纸巾亲手为她擦去脸上的眼泪时，心里也跟着一阵阵发酸。

林雪琳刚一开始哭的是孩子，后来是哭自己的不幸，想当初和丈夫同甘共苦的人是她，可丈夫的事业好起来了，魂却被别人勾跑了，连个孩子都不愿意给她留，就算以后衣食无忧，人生又有什么意思。

这个时候有门锁转动的声音，轻微的，然后有脚步声缓缓走到客厅，紧接着一个奶声奶气的娃娃音，是萱萱喊着妈妈。

周峰抱着萱萱，横眉冷对地看着躺在唐大伟怀里的林雪琳。

慌乱的林雪琳止住哭泣，从唐大伟怀中一跃而起，整了整衣服，伸过手想要抱萱萱。周峰一个闪躲转身，把萱萱护在怀里。

唐大伟见状上前解释，说自己是萱萱的幼儿园老师。周峰没耐心听他解释，他用平静的口气跟林雪琳商量说：“尽快把手续办了吧。”

说完，周峰去萱萱的房间取了几样东西，就带着孩子头也不回地走了。林雪琳追到楼下也没摸到萱萱的手。孩子哭，她也哭，周峰却一意孤行，那场景让每个看到的人都揪心，简直是肝肠寸断。

林雪琳算是看透了周峰。以前，林雪琳很欣赏周峰身上做事情的狠劲，觉得男子汉顶天立地，心狠手辣是一种魅力。可林雪琳没想到，有朝一日周峰的这股狠劲会用到她身上。

不能与外人道的隐私

林雪琳把周峰的现任女朋友何嫣然堵在下班的路上，开门见山地说想谈谈被她抢走的周峰和孩子。

其实，在看到何嫣然的第一眼，林雪琳的底气就没那么足了。何嫣然虽然算不上漂亮美艳，但打扮得十分精致。林雪琳再看看自己，平底鞋，格子衫，头发上是许久不打理之后的暗淡和毛糙。

林雪琳问得也有点没底气："想要孩子，你和周峰可以再生啊，干吗过来和我抢萱萱。"

何嫣然一笑，她说自己这辈子根本没有生孩子的打算。

"自己不想生，就如狼似虎地抢别人的孩子？"

何嫣然轻呷了一口茶，说她没想勾引谁，和周峰的感情是自然而然发生的。

"呸！"林雪琳没见过犯了错还这么心安理得的女人。可何嫣然也不是好惹的，她挺了挺胸，没说一句话，就以压倒性的优势，对林雪琳的心理进行了一番碾轧。

谁的身上没有点不能与外人道的隐疾和私事呢？林雪琳的痛点就在于，自从生完孩子以后，她性冷淡了。刚开始周峰还愿意跟她一起积极治疗，也去医院看过，这种冷感多数是由心理引起的，需要男人的关心疼爱和呵护，可林雪琳对周峰不满意的地方太多了。

她看不惯周峰每天回到家后捧着手机不放，林雪琳若说他几句，他就反唇相讥，说林雪琳自己阴暗，还不希望看到别人一时半刻的开心。这话，林雪琳不爱听，按说林雪琳不论白天黑夜大多数时间一个人带孩子很辛苦，周峰回到家来应该主动分担一些家务才对，可他习惯了饭来张口衣来伸手的生活，觉得把钱拿回家供她娘俩花就够可以的了，不愿意在细琐的家务事上操心。所以到后来，周峰没了耐心，两个人也就越来越冷淡了。

林雪琳清楚，她和周峰的感情，出现问题已经很久了。她回想起周峰以前的很多恶习，转念一想，决定放弃了。她一直顾及孩子的感受才勉强支撑着一个完整的家，现在这局面，还有什么理由让她坚持呢？

她打电话通知周峰，离婚协议的字已经签好了，她不再争做孩子的监护人，但看在是孩子亲妈的份儿上，林雪琳要求，她继续照顾萱萱的日常起居。因为把孩子交给一个连孩子都不想生的自私女人，她不可能放心。

开始新生活

每天林雪琳照样按时接送萱萱去幼儿园，她的空闲时间多了，开始琢磨起重操旧业来。

在生孩子之前，林雪琳自己创过业，她做文案策划出身，脑子里有数不尽的灵思妙想。这次，她要做回老本行，二次创业。

开公司，选地址，招人，拉业务……一项项做下来，林雪琳感觉累，却过得充实，一种久违的充实。

可第一个提出反对的人，是前夫周峰。“是一天天没事可做闲的，还是生活费给的不够？这样创业在外奔波，耽误了照顾孩子谁负责？”

“不放心？”林雪琳说，“不管我在外做什么，回到家里，我保证给萱萱的爱不会少半分，你若不放心可以把孩子接走。”

这回，换周峰无言以对了。怪就怪他把话说得太满，也没想到一向把萱萱当成命的林雪琳会来这么一招。无奈，周峰把萱萱接走了。

周峰以后兵荒马乱的生活，林雪琳随便一想就能猜出个大概。之前和周峰那段失败的婚姻，她是有做得不对的地方，但也并非周峰就是全对。对于周峰，现在他身边的女人是何嫣然，她的付出恐怕连林雪琳一半都不如，周峰的幸福也就可想而知了。

反倒是唐大伟，对单身的林雪琳的追求热情似火，像是她的青春重演了一遍。

林雪琳想不明白，自己一个离了婚的女人，何德何能值得一个没结过婚的单身小伙喜欢？

唐大伟说：“难道，你都忘了吗？”原来，唐大伟与林雪琳并非初见。还在上学的时候，那时的林雪琳高挑，年轻，精力旺盛，她回校做“大学生自主创业”的专题演讲；那时的唐大伟，满脸的青春痘，消沉而略带自卑，林雪琳是他的学姐，唐大伟坐在第一排的位置，把她看得清清楚楚，他既羡慕又崇拜。

唐大伟提起的那些仿佛是林雪琳的前世，而现在的她也终于认清，自己错就错在，许多年下来，活着活着就没了自己。

可唐大伟不在乎这些，他早已把未来规划好了，不仅要给林雪琳许多许多的爱，还要给萱萱很多很多的爱，他要和林雪琳一起照顾孩子，踏踏实实生活。面对唐大伟的追求，林雪琳没那么快点头答应。但她觉得，过去的就让它过去吧，是时候开始新的生活了，毕竟，女人在任何时候开始新的生活都不算晚。

人有时犯错却不自知，
以爱的名义，
做着声称为对方好，
却不一定是为对方好的事情，
而且还伤害着在乎的人。

以爱的名义

1

听说，我最好的朋友何莉离婚了，离婚原因是婚内出轨，证据确凿。我第一时间把电话打给何莉，想亲耳听听她自己怎么说。可电话里，何莉就只是哭，她说不想离婚，不想离开孩子，可婆家现在不把孩子给她养，只允许她去看望，还规定了时间和次数。

“不想离婚，为什么出轨呢？”

何莉说，她知道错了，她当时就是想气陈昊，因为结婚以后陈昊对她越来越不重视，婆婆对她还各种挑剔，所以有个男人稍微给了她一点温暖，她就把握不住自己了。

我听了，心里很不是滋味。现在，我不幸福，她也不幸福，这是我不想看到的。

我和何莉同年出生，住得非常近，处得比一般的亲姐妹还亲。我们在一起玩，大多数时候都是何莉说了算，她说玩什么就玩什么，她说去哪里玩就去哪里玩。她很有主见，万事万物都是有喜有恶，不像我，总是一副什么都行的态度。

何莉还有一个小她三岁的弟弟名叫何亮，每次我和何莉一起玩的时候，何亮总爱跟着。为了摆脱她弟弟，何莉想尽了各种办法，呵斥、恐吓，还有点小暴力，我看何亮可怜，私下里告诉他找男孩子一起玩去。可何亮说愿意和我们一起玩，他姐再凶也不怕。

我们就这样你追我赶吵吵闹闹地长大，何莉首先谈起了恋爱。她的恋爱对象名叫陈昊，与我们住得也不算远。

陈昊对何莉很好，所有何莉提出的要求，他都是尽量满足。那个时候，看到何莉收获幸福，就好像我自己也很幸福一样。

何莉恋爱不久，就开始张罗着给我介绍男朋友，不管我怎么推托，她都一副大包大揽的样子，不得已，我向何莉坦白了，其实我和她的弟弟何亮已经相爱了。何莉震惊极了，对于这事，她只说了两句话，第一句表示惊讶地说："你们怎么可能呢？"第二句直接表明了态度立场说："我不同意。"

何莉不同意我跟何亮在一起，她说："虹虹，你想好了吗？小亮比你小三岁呢，他真的能照顾你吗？还有，"何莉说，"何亮就是个没长大的小屁孩，你们两个不合适。"

他们姐弟关系一向很一般，何亮听到何莉的这些话后，非常不开心。他的亲姐，却是这样不信任他，不支持他。

但有什么关系呢？我喜欢何亮的真诚和善良，虽然他年龄比我小，但是他很会呵护和保护我。那个时候，谁的反对都没有用，我铁了心要和何亮在一起。

2

何莉和陈昊的婚礼在一个秋天举办。他们结婚一年之后，我和何亮也结婚了。真的可以说是亲上加亲，喜上加喜。就在我和何亮结婚前一个月，何莉的女儿出生了，她升级当了妈。

我和何亮结婚之后也想尽早要个孩子，可天不遂人愿，一年过去了，我始终没怀上。于是婆家人常说的话就从盼望抱孙子到了督促着让我们做检查，看看生不出来是不是哪里有毛病。

每当婆婆这么说的时候，何莉总是站出来替我说话。甚至，再一次检查吃药，我仍然没怀上孩子时，何莉说，不行她就再生一个孩子给我养。

而另一边，何亮也对我表现出了极大的宽容。他说："如果这辈子都和孩子没缘分，那就不生了，只要我们两个人相亲相爱就够了。"

后来，实在受不了家里人的唠叨，何亮带着我离开了家乡小城。那个时候，正巧他有个同学的亲戚新开了一个超市需要人帮忙，他就带着我坐了二十多个小时的火车去了那个城市。

我们在超市的附近租了一处只有十多平方米的小房间，周围除了我和何亮，再没有其他熟悉的人，感觉像是开始了另一段全新的人生旅程。

刚一开始，我和何亮的生活过得很苦，但那却是我们最为快乐的一段日子。我们一起上班，一起下班，一起做饭，饭后去附近的校园散步，周末去爬山看花。老板看我和何亮干活勤快，为人诚恳，就把店里的许多事情交给我们办，我们都做得尽心尽力。可后来由于拆迁改造，超市不得不关门停业。我和何亮私下里一盘算，超市关了，我们不能就这么灰溜溜地回老家，于是仗着打工这几年的经验，就选了一个小门市，自己做起水果蔬菜的零售生意来。

小店生意新开张，何亮早出晚归，给附近饭店送菜，我在店里打理零售的生意，虽然辛苦，但收入不错。慢慢地买了车，日子也好过起来了。

老家的父母亲朋每次给我们打电话，仍然最关心的就是我们要没要个孩子。只有何莉，每次问得最多的，是我们过得好不好。

3

自从何莉离婚后，关于她的流言蜚语就多了起来，听说她变得放纵，只要看到个有钱男人就往人家身上贴，还听说她和一个开修配厂的小老板厮混到了一起。而且那小老板还拿三天搞定何莉的事，跟别人炫耀。

我听到这些话很气愤，不仅气人言可畏，还气何莉自甘堕落。

当初姐夫陈昊对她多好啊，她都不懂得珍惜，搞得自己现在无家可归，如果再不反省悔过，随随便便投入一个男人的怀抱，以后还会有哪个男人珍惜她？

我为何莉感到担心，在我把这些细碎的琐事跟何亮说时，她的放纵，她的不自重，她的坏名声……没等我再接着说下去，何亮叫停了。他不相信姐姐能变成那样。他把电话打给何莉，劝她一个人在外生活要好好的，不能让爸妈操心。随后何莉彻底跟我决裂，她说我没资格跟别人一起对她的生活指指点点，更不该和外人一起说她的闲话和不是。

很意外地，在这个问题上，何亮坚定地站在他姐姐的那一边。他给我下了最后通牒，以后别跟别人说姐的闲话。任我再怎么解释，我是为了何莉好，何亮都不想往下听。

他们姐弟感情空前友好，我反倒成了一个被他们排斥的局外人。

4

然而，在这个时候，我和何亮的感情也亮起了红灯。结婚这三年，看了不少医生，吃了不少药，可孩子依然没怀上，好多比我和何亮结婚晚的亲戚朋友都有孩子了，我能感受到何亮的失落。

渐渐地，何亮不再喜欢早起，出去送菜也会很久才回来，做事明显不如之前有那么大的精神头了。经过几次跟踪，我发现他竟然在赌钱。

我很严厉地跟他谈了一次话，劝何亮不要玩了，他向我承认了错误，说是一时贪念，以后不会再玩了。可后来我发现，他只是当面点头答应，只要我不在，他就像个瘾君子一样偷偷摸摸又去赌，结果再输钱，再发誓，如此反复。

何亮已经不是当初那个真诚、善良的何亮了。在一次我发现他又去赌博之后，我向他提出了离婚。

我收拾衣物打算回老家，态度特别坚决，何亮看到我那个样子哭着跪在了我的面前，他说他再也不赌了，他说生不出孩子领养一个我们也不离婚，说什么也不离。

看何亮那个样子，我心很疼，鼻涕眼泪一把一把地往外流。

夜半，何亮已经睡下了，我反反复复睡不着就想起了久不联系的何莉。远在异乡的何莉，过得可好？

我把电话打了过去，只响了一声，她就接起来，却不说话。她一定知道是我。

我哭了，哭着叫何莉的名字，哭着说我们现在正遭遇的一切。何莉电话里没说什么，第二天下午，她的人就站到了我们面前。劈头盖脸的，她就给了何亮一个耳光，问他是不是好日子过够了？

何莉来的那天晚上，我们睡在一张床上，像以前一样，彼此说着心里话。

我想，我得先跟她道歉。人有时犯错却不自知，以爱的名义，做着声称为对方好，却不一定是为对方好的事情，而且还伤害着在乎的人。以前，真的是我不对。我不应该看低她的情感，指责她交往的男人，对她的选择指手画脚。

何莉说，她其实就是赌气，想迅速找个比前夫更好的人，才做了那些荒唐事。现在她已经不怪我了，也能理解我为她着想的心。

那天晚上的月亮特别圆，很像小时候我们一起跑去很远地方疯玩的那个夜晚，大人找到我们时，我们两个正悠闲地躺在山坡上看月亮。

我望着窗外的月亮问何莉："你还记得小时候的我们吗？"

"嗯，"何莉点了点头又说，"我们以后，都要好好的，幸福下去。"

"嗯。"这一次换作我点头，然后，我就望着月亮笑了起来。

那晚的月光把我们两个人拉得很近。

爱他就不会不顾他的死活，
爱他就不会一点都不宽容，
爱他不会没完没了的抱怨，
爱他更不会不信任他，
偏得给他分配一个莫须有的外遇。

岁月庸常，别忘初心

1

潘海峰又没回家，这已经是他第五天夜不归宿了。娟子给他打去电话，歇斯底里又有点压抑地问：“这个家你到底还要不要？”

潘海峰电话那边的口气里透着不耐烦地说：“娟子，你别这样，我在出车。”

每次都是这样，只要潘海峰不想继续话题，就说自己在路上正开着车，娟子受够了。不用想也知道，潘海峰又是和另一个车队的女司机在一起。

娟子压不住心里的火，说：“潘海峰，你要再不回家，就等着我把房子一把火烧了！”说完，娟子以为潘海峰会被吓得抓紧时间往家赶，可让她没想到的是，潘海峰直接将电话挂断了。

娟子惊呆了，潘海峰现在都敢挂她电话了，她看着手机发呆，忽然隔壁房间传来儿子安安的哭声，娟子马上变了另一副脸色，走进房间一把将孩子抱起。安安问起爸爸，娟子笑着摸摸儿子的头说：“爸爸出差，再过几天就回来。”安安默默地点点头，不太高兴的样子。娟子有点儿心虚，生怕孩子知道他们夫妻不睦。

果然，潘海峰还是没回来，等安安睡下，娟子却怎么也睡不着，她一遍遍拨打潘海峰的手机，又被电话那端一遍遍按下拒接，娟子直打到困倦了才放手，睡了过去。清晨醒来，她收到潘海峰信息，只有简简单单几个字，“离婚吧！”

离婚的事总得见了面谈吧，潘海峰终于回家了，却是倒头就睡，他说等睡够了再谈。

好，娟子等，就坐在潘海峰睡觉的床边等。一个小时、两个小时、三个小时……眼看着安安快放学了，她得去接，可潘海峰还是睡得没心没肺昏天暗地。娟子的火气一下子就来了，她掀开被子，一脚把潘海峰踹醒了，娟子说话的声音有点哑，可能太长时间没说话的缘故，她冲着潘海峰清了清嗓子喊：“马上就离了，你还有心思睡，睡得还那么香。”

被惊醒的潘海峰脾气也不小，离离离，他什么都不要，就要孩子。

娟子明白，眼前这个男人已经变了，而且潘海峰明显要用离婚换取自由。娟子料想，他应该是做足了准备要和外面的女人双宿双飞了。

潘海峰淡定下来，他不解释，也不再争论，那状态说不上是懒得再和娟子说话，还是一种“你说啥都对”的默许。

娟子的心拔凉拔凉的。她数落着潘海峰，良心都被狗吃了，然后穿衣出门接安安去了。

2

自从有了安安，娟子就没再工作，家里的花费支出全是潘海峰一个人赚的，娟子一心操持家务，在家培养下一代。

要说她也是个很负责任的妈妈，坚持母乳喂养安安到三岁，幼儿园接接送送、大小事情，从不怎么麻烦潘海峰。就这样日复一日年复一年，眼看着安安幼儿园毕业，要上学前班了，男人却要跟她离婚。

提起这些，娟子怨气冲天，许多年来对这个家的付出，熬没了青春，熬老了岁月，可再怎么照顾男人的生活起居都是枉然，最后还是免不了他和别的女人情投意合。

所有亲朋都挺同情娟子的，说她是个可怜的女人。而潘海峰早就在娟子不停的抱怨声中麻木了。

有点文雅气质的潘海峰，不像大多数跑运输的大车司机那样粗犷而又直接，他大学修的是园艺设计专业，后来打工做过几年广告设计，之所以选择现在的职业，目的是想往家多赚些钱。潘海峰自认不是忘本的男人，他感谢娟子的付出，但受不了她没完没了的怨声载道，感觉像是永远欠着她的。

潘海峰为了让家里生活宽裕，没日没夜地四处揽活，司机在路上行车有危险谁都知道，他辛苦一天回到家，非但不能好好休息，娟子还要见缝插针地向他唠叨对生活的不满，以至他本就疲惫的身体更加疲惫不堪。

如果生活一直是这样的暗无天日，潘海峰宁愿单身一辈子。离婚是他提的，他不后悔。

但是，娟子不会那么轻易答应，她不能没有安安，更不可能让自己精心培养的孩子管别人叫妈，绝不可能。

娟子私下里打听过，总跟潘海峰一起混的女司机是个单亲妈妈，独自带着女儿生活，娟子可不能让潘海峰轻易得逞。唉，男人哪，要是家外有个女人勾着，心就不往家里放了。娟子想，得搞点事情把问题解决了，如今让潘海峰做出抛弃家庭决定的，一定是那个叫马丽的女人。

3

马丽是车队里的一个女司机，总和潘海峰组团拉活，一起出车。有好几次，娟子给潘海峰打电话，都是马丽接的。娟子早就怀疑他们两个有事，可潘海峰打死都不承认，说和马丽只是合作伙伴的关系。

潘海峰提出离婚的第二天，娟子找到马丽，约在马丽家附近的小公园见面。她酝酿了一路的话刚出口，就被马丽霸气地打断了。

马丽问："你知不知道什么叫作体谅？那天晚上你一遍遍

给潘海峰打电话，他正在高速路上，差点出事故。”

娟子惊愕，潘海峰回家从来不和她说工作上的事儿。

马丽是个单亲妈妈，女儿比安安还大，她总在男人堆里混，练就一身女汉子气质，说起话来也是直来直去不绕弯子。她说娟子：“你成天在家除了带孩子，就琢磨自己老公跟哪个女人乱搞，有意思吗？”

娟子被顶得不知怎么回答好，一时语塞，又听得马丽大嗓门地问她：“你知不知道潘海峰为啥不给你孩子？就是因为你的性格不够开朗乐观，爱抱怨生活，怕孩子以后跟着你也会变得心胸狭窄。”

娟子被彻底说愣了，自己明明是来兴师问罪的，没想到却被马丽说了个狗血淋头。

在回家的路上，娟子反复想着马丽和她说的那些话。

马丽问娟子到底爱不爱潘海峰。

娟子点头。马丽摇头。

马丽说：“爱他就不会不顾他的死活，爱他就不会一点都不宽容，爱他不会没完没了的抱怨，爱他更不会不信任他，给他分配一个莫须有的外遇。”

马丽说：“真心把自己男人往别人怀里推的女人才这么干。”

娟子想来想去也想不明白，难道自己真的错了吗？

要说感情问题，其实他们早就不对劲了。娟子生完安安之后，为了照顾孩子，一直和潘海峰分床睡，她都快忘记夫妻之间的那种事儿到底是怎么回事，那种心思也早就没有了。

潘海峰每次从外面回来总是倒头就睡，娟子半夜起来查他的手机，翻他的包，衣服裤袋都不放过，虽然没查到什么证据，可她就是觉得潘海峰没把心思放在家里。何况，潘海峰早出晚归，安安总见不着爸爸的面，这个家要他还有什么用？

可是，最初的他们不是这个样子的。

4

十几年前，娟子和潘海峰是高中同班同学，四年不同城市的大学生活都没将他们拆散，可以想象两个人的感情基础有多深厚。那时的潘海峰，温和善良；那时的娟子，善解人意。他们走路从来都是手牵着手，不愿意分开一时半刻，所以一起应聘到同一家公司，潘海峰做广告设计，娟子做出纳。

后来娟子怀孕，潘海峰一把搂住娟子说：“不用出去打工了，我养你。”他贷款买了一辆大货车，跑工地，拉长途，赚来的钱一分不剩全交给娟子。

想到这些，娟子心软了，往家走的脚步更快了。

到小区门口，娟子远远看到潘海峰正在陪安安和小朋友玩。她走近他，默默地把自己的手放进他的手心里。就感觉，潘海峰的手也紧紧地握了她的手一下。

在家带了一天的孩子，潘海峰累坏了。此时他才知道，娟子每天在家，不比自己在外面出车轻松多少。

离婚的事儿，就像他们谁都不曾提过一样。这次以后，潘海峰说，他不光把感激放心里，也愿意多多表达，让娟子知道她对他来说有多么重要。

娟子呢？抱怨生活毫无益处，她要做潘海峰的好妻子，给安安一个完整温暖的家。

还有就是，安安大了，快上学前班了，他也该自己睡了。

当天晚上，娟子就搬到了主卧室的大床上，依偎在潘海峰的怀里。那一晚她睡得特别香甜。

她很愿意蹲下来，
认真倾听女儿讲的话，
她也愿意看到，
孩子按照自己的意愿慢慢长大。

这样任性地长大对不对

不欢而散的家宴

对于小柳的父母来说，小柳是个不听话的孩子，从小到大都是。尤其她的婚恋大事，更是让家人不省心。

小柳和她的男朋友陈爱峰花前月下谈了两年的恋爱，可仍然没得到小柳父母的认可。

父母反对的理由很多，陈爱峰的家远在外地，没房没车可以先不论，就算他是个有远大理想的小青年，空有一腔宏图大志能有什么光明的前途？摆在眼前的现实问题是，陈爱峰家里有个妹妹，还有身体糟糕没劳保的爹娘。

纵然老柳语重心长，小柳也没把父亲说的话放在心上。这些根本不算什么，她愿意，她喜欢，谁的反对和阻止都没用。

就这样，毕业以后，小柳搬进陈爱峰的出租屋开始同住，恋爱又谈了三年，她越来越不愿意回家，不想听到父母碎碎念地预测着她和陈爱峰并不美好的未来。当然，命运并没有特殊眷顾陈爱峰，他仍然默默无闻普普通通，也仍然是一个拥有理想的小青年。只是那理想的光，在他的生命里越来越弱。

眼看着小柳到了谈婚论嫁的年龄，可对于结婚，陈爱峰却力不从心。

父母说狠话下禁令，如果再继续和陈爱峰耗青春，就断绝关系。那天，小柳回家看望父母一起吃了晚饭，席间，父亲规劝小柳回心转意，小柳还是那副谁说陈爱峰不好都不行的态度，终于激怒了父亲。父亲摔碎了盛满粥的碗，指着家里的大门冲着小柳喊："走，走了你就别回来！"

倔强的小柳犹豫了几下，拎着包头也不回地走了。一场家宴不欢而散。

小柳和父母在餐桌上大动干戈已经不是第一次了。

那还是上初中的时候，青春期的小柳突然发胖，不论她怎么节食、运动，体重都只增不减，于是小柳偷偷地攒钱买了一盒减肥药。事情败露之后，母亲抱着一丝理解的态度，还补了她一些钱，让她买健康的减肥食品。对她这种做法强烈反对甚至大声呵斥的是父亲，女孩子家家不把学习放在第一位，臭美个什么劲。

也是在家里的餐桌上，由于小柳减肥吃得少，又任性地不听人劝，气得父亲摔盘子摔碗要赶她出门。

小柳爸常挂在嘴边的话就是："家长这么做全是为了你好，有什么错？"小柳觉得这是爱的绑架，她心里想的是，难道我就错了吗？她从小做事情总是得不到父母的理解，也听腻了"要做个听话的好孩子"之类的训导。她孤独地一点点长大，好像活成了父母并不希望的样子。

生米煮成了熟饭

就在小柳破釜沉舟地与父母决裂，想要和陈爱峰一生一世的时候，陈爱峰做了逃兵。他因为工作调动，义无反顾地打算离开。恋爱五年，两个人从没闹过分手，只这一次，说断就断，干脆彻底。陈爱峰把租的房子退掉，提着小柳的行李，亲自把小柳送到她家楼下。

父母对小柳的归来不言不语表示默许。见小柳情绪低落，父母对她比以前更好了，就像他们间的争执从不曾发生过一样。母亲做她爱吃的饭菜，父亲说话的声音轻淡，他们尽量回避不谈陈爱峰，也不责怪小柳什么。

那段时间，小柳压抑着，却故作坚强。她似乎是按照父母指定的路线前行着，可她不开心，小柳的爸妈也没高兴到哪里去，全家上下一片阴霾。

又到发薪日，小柳回家路过超市时买了一个新款的高压锅，还给爸妈一人准备了一件小礼物。那一天，家里的气氛终于晴朗了一些。吃晚饭的时候，妈妈以为小柳终于想开了，不禁面露喜色，话也明显多了起来，一个没忍住，说起陈爱峰时就透露出了刻薄之意，说当初有多么英明地预测到会有这一天。言外之意，小柳没听家长的话，所谓“不听老人言，吃亏在眼前”。

小柳听后心里不舒服，但也忍气吞声不发作，只顾低头大口吃着白米饭。

每当回到自己房间，小柳就会感觉丢了魂般浑身松散。她想念陈爱峰，几次欲打电话给他，或者给他发语音留言问问近况，可都中途放弃了。有股怨气窝在心里，这几年小柳为了陈爱峰付出不少，可他为了个人发展说分手就分手。

浑浑噩噩的日子一过就是半个多月。偶然的一天，小柳下班绕路经过以前和陈爱峰租的房子，看到了窗口映出的光，恍惚间三步并作两步上了楼，没想到的是，给她开门的正是陈爱峰。他的头发油油的，眼睛无神，见了小柳僵在原地，像一块化石。

其实陈爱峰也不想分，可相处这么久，房子没着落，又没能力改变小柳父母的看法。他真的尽力了，无奈这个世界并不常会出现奇迹。他提分手是怕拖垮了小柳。

小柳又哭又打，五年了，怕拖垮，怕耽误，早干什么来着？

那夜，小柳又住进了陈爱峰租的小窝。

听说小柳和陈爱峰重归于好，还偷偷从家里拿走户口本登了记，小柳的妈就再也静不下心来。无奈生米煮成了熟饭，老两口唉声又叹气。

罢了，罢了，天下和父母想不到一起去的孩子太多太多了，既然已经如此，劝和管还有什么用，本就是个任性的姑娘。

父母终于不再反对，小柳和陈爱峰的婚事被提上日程。

父母们的控制欲

待到真的谈婚论嫁时，小柳蔫了，现实问题摆到眼前，才知道裸婚不是那么容易结的。回想父母之前的话，其实也算是未雨绸缪，不是全无道理。但陈爱峰是小柳选的男人，再难再苦也要走下去。

陈爱峰几年工作下来，手里的积蓄就那么多，房子首付和装修款，他只能满足一项。后来小柳父母伸出援手，赞助他们装修款。

待到装修时，矛盾又是一大堆。

因为资金不充足，他们选的房子不大，卫生间的面积则更小，小柳想砸开一面墙扩大，可父母第一个表示不同意。小柳妈坚持说，建房时那样的设计肯定是有道理的，再说也没见别的邻居拆墙，所以格局还按原来的弄，不许小柳乱动。

对这事陈爱峰怕得罪人也没有明确表态，他说怎么弄都好。

倔强任性的小柳又和父母唱起了反调，她再次没听话，因为她怎么想都是改良以后会更好。于是，不再请示父母，擅自做主找来装修队直接把墙给拆了。

新房装修用了将近一个月的时间，小柳整个人瘦了一圈，父母看了挺心疼，也就不再插手管闲事，反正房子最后是小柳住。直到房子装好了，陆陆续续有要装修的新邻居来小柳家看装修情况，都说那堵墙拆得特别好，要效仿着搞装修，小柳妈这才开始调转口风，夸小柳有远见。

在小柳的记忆里，得到父母认可的时候还真是不多，这应该算是一次。

时间一晃又过了两年多，小柳也当了妈。

孩子小没人带，小柳的母亲第一个冲锋在前。等小柳产假结束去上班，小柳爸妈把苦活累活家务活全包了。可还改不了的毛病是，爱唠叨小柳的不是。两代人的意见很少一致，似乎总是为了反对而反对，小柳若选择 A，父母必定要做 A 的反面 B。

比如，小柳上班不论穿哪一件衣服，小柳妈都会说，咋不穿另外那件呢？

比如，关于孩子怎么带，小柳的父母更是仗着有经验，不让小柳这样，不让小柳那样。

总算熬到小柳女儿快三岁，小柳迅速把孩子送进了幼儿园，她就是渴望过一下宁静的、不被父母唠叨和管制的生活。父母待她是真心实意的好，可她感受到的全是不自由。正因为如此，小柳每次去幼儿园接孩子时，她能理解那种为人父母的感受，而同时也能发出无限感慨。她很愿意蹲下来，认真倾听女儿讲的话，她也愿意看到，孩子按照自己的意愿慢慢长大。

如果当初小柳的父母也是小柳这种想法，那么他们之间，也许根本不会发生那么多的矛盾。

第三辑

隐身花园

恋爱，以欺骗自己开始，

然后再欺骗别人，

这就是所谓的浪漫。

而婚姻是什么？

婚姻是牢不可破的誓言，

还有独自保留的空间。

爱情追过了，
才明白，
不过是镜花水月，
实实在在的生活一样可以美好。

跟往事干杯

1

没有人会拒绝红酒，它高雅，芬芳，而且醉人，就像爱情一样。何森说他的青春变坏了，从我挺直地坐在他街边的画架前，请他到家里喝一杯红酒作为报酬开始，他的青春就变坏了。何森可以画出好多双柔美的眼睛，可是，他画不出我的眼，分明可以带给他许多光明，到最后却独自寂寞的眸子。这杯爱情的酒，喝得再烈，也不能让我忘记我是周杰明的女人。

当何森又一次像罗密欧一样，翻墙爬上阁楼，未等敲响我的窗，我看到了他怯怯的脸，他一定看到了周杰明的背影。我抱住了周杰明发福的腰身，目送着何森离去。

周杰明说："倪可，给我生个孩子吧。"

我说："好。"

周杰明很兴奋，因为以前我总说，不好。

从此后好多年，我就没见过何森，温柔的何森，可以给我许多表情的何森，不在乎他自己快不快乐的何森，还有，不够勇敢的何森。只记得，何森说："倪可，在你身上我学会了流眼泪。"

我常想，如果那个时候，何森站出来，拉起我的手让我跟他走。如果，我只是说，真有如果，我一定会和他一起亡命天涯。可如果没发生，也许，我根本不是何森的天涯。

2

我听了周杰明的话，儿子取了我名字中的一个可字。

周杰明的生意越做越大，他迷信地说是我和儿子旺了他的运，他命中，早该有个儿子来继承他的家业。

他将以前给我租住的二层别墅买下送我，还有好多比这体面的房子，但我不喜欢，因为陌生的房子里没有我曾经贪恋的脚印和放肆的回忆。

除了不能给我婚姻，其余的，周杰明什么都可以给我。他的女儿不喜欢一个只比她大几岁的女人进他们的家门，我倒无所谓，这又有什么关系呢，我的阁楼成了另一个姓倪的周家。

儿子两周岁生日时，周杰明高兴得手舞足蹈。四十九岁的男人和一个两岁的孩童，那画面，生动得让人感动。

周杰明并无老态，他的手还会有力地抚摸我生过孩子仍然年轻挺拔的身体。当他瘫软地压在我的身上，我的心里，有风一样的东西冷冷地刮过，吹得枝繁叶茂一片。拥抱真是很奇妙，就算两颗心靠得很近，也看不见对方的脸。我躲在周杰明的怀里，同样像个孩子。

周杰明说："倪可，改天把女儿请家里来吧，她交了男友，是个不错的孩子，有时间我们一家人聚聚！"

他的语气带着哀求，我望着天花板上的吊灯，回答他说，"那就这个周末带他们过来吧。"他高兴地吻了我的脸颊，翻下身躺在我的身边说我乖，然后沉沉睡去。

3

于是，在一个夕阳甚好的傍晚，周杰明带着他的女儿和准女婿，从华贵的车子上走下，来到了我的阁楼花园。准女婿和周杰明的女儿一样，直呼我倪可，本应该陌生的男人握着我的手，好半天，说：“我是何森。”

两岁的儿子跑来，他爱极了这样的热闹，张开热情的小手说：“哥哥抱抱。”多么其乐融融，可何森不愿多看我一眼。我静静地听着他们商量结婚的事情，一句话也插不上。

周杰明从头到尾紧紧地牵我的手，何森视而不见，就好像什么都没有发生，从来没有过往一样，我一点点地感到了冷。周杰明很关心地问：“倪可，身体怎么抖得这样厉害。”没有暖气的房间很冷，上楼，躺下，盖很厚的被子，我没有送他们。

夜半，阁楼的窗上，何森的脸。他进来只说了一句话：“倪可，这样很危险。”

就那么一瞬，我哭了，原来何森没有像我想的那样忘了我。我哭着扑到他的怀里，他狠狠地抱起了我，把头埋在我的胸前，嘴里还碎碎念着，这样，很危险。他说：“倪可，你真的不该还留着那条小路。”他不知道的是，我的心里一直留着一条路给他，这条路有三年那么长，思念像纤维一样夹在缝隙里，他只用一夜就跨过来了，还是那个可以给我很多表情的何森。

他热情的身体，我仍然那么熟悉，我们忘情地拥抱，视明天如绝路。也只有这个时候，我才能忘记周杰明，忘记周杰明的女儿。但是，我两岁的儿子却无法忘记。

何森的手指轻轻地划过我剖宫产时的刀口，问：“怎会早早地就生了孩子，你还那么年轻。”为了爱着的男人，哪需要什么理由，我这样想着却没说出口。

4

一切仍然相安无事，岁月静好的模样，只是温度一天比一天寒。

周杰明女儿的婚礼最后敲定在来年春天。这样的梦我也做过，春暖花开的绿地上，洁白如莹的婚纱，我始终臆想着，何森身边幸福微笑的女人，是我。可不知道为何，后来的梦里，那洁白的婚纱多了好多血色的花瓣，同样美轮美奂。

趁着一对新人拍婚纱照的时候，周杰明说："倪可，咱们也跟着去吧，照一张全家福。"我知道周杰明的良苦用心，他在有意无意地让他女儿接受我，等他女儿婚后，他想给我一个名正言顺的家。

周杰明的女儿把身体整个嵌进何森的怀里，他们像是一对连体婴儿，她的声音腻歪歪却透着凌厉地说："倪可，到底去不去？"

我看了看何森，终是没有去。照相，全家福，总有很多机会的。我最近总是感到冷，这种冷，只有何森有能力从我的心里把它赶走，可他却始终痴缠在别的女人身边。

周杰明宠溺地拍拍他女儿的头，然后陪在了我的身边，企图用他的手温暖我。我闭上眼，全是何森。爱情，原来是含笑饮毒。就好像，我明明到过天堂，却忘了……

5

有些事情要完结的时候自会完结，一旦到了某时某刻，你不想画上句号都不行。就好比，两岁多的孩子在入幼儿园体检时，他的血型，居然和父母都不一样。

周杰明把化验单拿到我的面前，我心虚得很沉静，他头一次抬手打了我一巴掌，打完掉头就走。车子发动的声音那样的刺耳，不多久他又返身回来，不顾我被他打倒在沙发下哭泣，到楼上把我的衣服全从衣柜里扔出来，狠狠地对我吼："滚！"

我一件一件，把周杰明扔出来的衣服，装进皮箱。周杰明收留我时，我唯一的小皮箱，已装不下太多的东西，拉锁怎样也拉不上。周杰明买给我的，我没资格拿走任何一样，除了孩子。

周杰明一直注视着我，他说："倪可，我哪里对你不好？你要这样回报我。"

我跟了周杰明七年，我青春里最好的七年。是的，他除了婚姻什么都能给我，可还有一样东西，他永远也给不了我，那就是爱情。可现在，我的爱情也没有了。

我蹲在门口，不知所措，还有什么地方能去呢。徘徊徊徊中，周杰明的车子呼啸着从我身边穿过，回头，阁楼的灯仍亮着，是他为我留的。如果有些往事和岁月，能轻轻地撕碎，扔到海中，那么，我愿意就此在海底沉默。只要我走了，他们一家，包括何森，应该是幸福快乐的吧。周杰明会好好待我的孩子，何森也会。

6

可是，还未等我沉入海底，周杰明就先沉了。他将车开出去以后，在路上为了躲避行人，车子从桥上坠入湖里。车拉上岸时，人已经没了气息。

城市的雨，咸咸的，就像七年前我刚到这个城市的那天一个模样。一个小女孩坐在小小的皮箱上淋雨，妻子死了一个多月的男人把她带回了家。

爱情追过了，才明白，不过是水月镜花，实实在在的生活一样可以美好。

周杰明的女儿哭得晕倒过去，她指着我说是我害死了她的爸爸，她说一定是我在车里动了手脚。我看着何森，麻木得一句话也说不出来。何森抱着周杰明的女儿，拍她的背说："这只是个意外。"

周杰明留下了很大一笔遗产，我只留下那套住了七年的房子，其余都给了周杰明的女儿。

两岁多的孩子依然在花园里玩着，他注定是个缺少父爱的生命。我把可以从外面直接攀到院内的小路，一砖一瓦地堵上了，然后铺成花园，认真无比，这样，何森就不会再担心我太危险了。

何森临近婚期的时候来找我，他的声音在宽敞的客厅里显得有些空旷。他说："倪可，我带你走吧。"这句话，晚了三年，但还会让我心动。何森说他已经不是当年靠在街边卖画赚零用钱的穷小子了，当初周杰明能给我的，现在他也能给。

可是，这些我真的不需要了，我心里有愧，不能再辜负了已经离开的周杰明。何森和周杰明的女儿以后应该是幸福的一对。

我的孩子，他姓周，永远都姓周，他有同何森相似的基因，这将是我永久的秘密。有一天，它终将会随着我沉入海底，下沉，再下沉……

我不仅分不清人的面貌，
也对自己的感情和需要感到模糊，
我为就要离开这个混沌的世界感觉轻松和解脱。

你不认识我，我不认识爱

1

陆美琪是我见过的最高傲的女人。

我们住在同一个私家花园式的小区里，上个月的某一天，我一直玩到早上七八点钟才回家，路过高层住宅小区和别墅区中间的巨大景观池时，就见一个女子白衣飘飘宛若仙女一样蹲在景观池边喂鱼。那画面看起来特别提神醒脑。

我把车停在她身边，假装问路与她搭讪，她不轻佻，不爱笑，说话的语气十分轻柔，把路指给我后便没有了过多言语。

她不食人间烟火的冷漠激发了我极其强大的征服欲。在我看来，这世上就没有豪车和钞票打动不了的女人。可后来我发现我失败了。我不止一次地创造机会与陆美琪偶遇，她却总是面无表情，目不斜视，像从未见过我似的。陆美琪就是圣洁的女神，而我找不到朝圣的路，连最起码的互相认识都做不到。

我可以不再昼伏夜出玩桌球泡吧和打牌玩游戏，但我不能对她不记挂。得到陆美琪，成了我一段时间以来心心念念的唯一工作。

所以，我从小区的东北角搬到了陆美琪家的楼下，这是据我测算与她最接近的地方，哪怕是与人共租一室也在所不惜。

然后，我发现了不一样的陆美琪，看到了冷漠外表下，她不为人所知的一面。

她在一家广告公司做广告设计，少言寡语，从不主动与人交流，别人都认为她骄傲自大，她也因此受到过不少冷遇、挫折和白眼，人缘差，没朋友。如果用一种颜色来形容她的生活，那就是单调的白色，所以她喜欢穿素色的衣服，连手表都要选择白色的表带。

同时，我还知道了陆美琪最大的秘密，她是一个有着面孔识别障碍的患者。这病，别人看不出来，自己好不了。

如果不是陆美琪，我怎么会知道这世上还有这样一群人。她聚集在和她有相同病患的脸盲群里，和他们吐槽与人过目即忘的苦恼，探讨掩盖缺陷的办法。不管认识不认识的，或者见谁都打招呼，或者谁都不理。陆美琪当然属于后者。他们每周穿固定颜色的衣服以便于相认，这让聚会看起来更像个假面舞会。只要聚会一散，他们转身就会忘记谁是谁。

谁能想到，陆美琪的高傲却是另有隐情。这个发现让人有点哀伤，但更让人兴奋！

2

晚上八点，陆美琪穿了一条红艳的长裙子袅袅婷婷地走出小区后，我悄悄尾随在她的身后。可毕竟不够专业，又怕跟得太近被发现，一段路程之后，陆美琪消失了。

返身回到住处我就后悔了，为什么怕被发现呢？她根本脸盲认不出来嘛。

此时，房间里静悄悄的，和我共租一室的室友和喜欢的姑娘约会去了。我连灯都没开，就坐在阳台里正对小区大门的椅子上，抽烟，上网，等美琪。

当看到她乘着出租车回来，我抓起室友挂在门口的黑衣黑裤，还有黑色的鸭舌帽，等在上行电梯的二楼。

电梯门打开的时候，一身红裙的陆美琪站在电梯的一角，长长的头发散在胸前，有几分鬼魅的气息。我走进去，和她一前一后地站在电梯间小小的空间内，按亮最高层楼号，我在心里一遍遍默念着，她不认识我，她不认识我。

行到第二十二层的时候，电梯停住，在陆美琪快要走出的一刹那，我冷不防拽住陆美琪披在身后的长头发，另一只手从陆美琪的身后捂住了她的嘴，又把她拉回电梯，直把她拖到顶楼的消防通道边。

陆美琪刚开始还挣扎，还想喊，可当她咬破我的手指我也没松手时，她反而变得乖顺了好多。可等我还想进一步和她接触，她却大喊大叫，用很大的力气把我推开，随后跑掉。

当夜，我没敢回到租住处，一口气跑回小区内自己的家，用手机给流血的手指拍了个大大的特写，存在手机相册里。

即便是伤口，也因为是陆美琪留给我的而倍感珍惜。

再看陆美琪时，虽然明知道她有脸部轮廓识别障碍根本不会认出我是谁，但总感觉抬不起头，不敢直视她。

也是从这以后，我渴望进入陆美琪的生活，想要了解她更多。

3

我以脸盲症患者的身份加入陆美琪所在的群里，没隔几日，群论坛上有了图片更新，陆美琪穿着红裙美美地站在人群当中，漂亮得耀眼。我热情留言，强力顶那个红衣红裙的小姑娘。

就在当天，我明显地感觉到，陆美琪关注这个我了。

我在一点一点地向她靠近，在网上聊得热火朝天熟络得很，却不再打算与她在小区里的任何地方碰面。但我怎么也没想到，和陆美琪的第二次近距离相见，是同租一室的室友带她进了我们的出租屋。室友向我介绍说，她是他的女朋友。

自己小心翼翼想要得到的东西，却被别人轻而易举地捷足先登，我对陆美琪的爱和向往，变成了另一种情绪。绝不能让这样的情况继续下去，我得想办法。

第二天，我向室友借了他常挂在门口的一身旧衣服，报酬是晚上请他和他的女朋友吃超值大餐。如我所料，爱占小便宜的室友没拒绝。

我打扮得和那天一模一样，黑色的外套，黑色的鸭舌帽低低压在头顶，同室友一起站在小区门口等待下班的陆美琪。对，没看错，她向我走来，挽起我的胳膊。

我本意是冒险让她看看那天想要侵犯她的人就在她男朋友的身边，好让她心虚害怕地离开。

室友动怒了，他问陆美琪，“你这什么意思？”

我替她解释，她只是有点脸盲认不清人，看错了。

“她有毛病我是她的男朋友都不知道，你怎么会知道？”室友的一句话问得我哑口无言，饭局还没开始就不欢而散。

陆美琪是个有怪病的人，几乎所有认识她的人都知道了。这种基因大部分属于遗传，会影响到下一代，男人见她都指指点点敬而远之。

也许是她对人生绝望了吧，她在微博上留给世间的最后一句话是：我不仅分不清人的面貌，也对自己的感情和需要感到模糊，我为就要离开这个混沌的世界感觉轻松和解脱。

她穿着红裙从二十二楼的飘窗上一跃而下，流到地上的血迹，几个小时后我经过那里时依然还在。看到那片鲜红，我按下了手机上的相机按钮。

从那以后，我对纸醉金迷的生活感到厌烦。进入公司正式工作后，我想做的第一件事就是为脸盲患者成立一个基金会。我多想告诉陆美琪，我不在乎她的小缺陷，而且，我所做的一切，只是想让她投入我的怀抱。如果没有陆美琪，怎会有现在这个改邪归正关注弱势群体的慈善家。我的每一笔捐助都记上陆美琪的名字，以此来告慰她的在天之灵。

爱过，
才知道恨真的不算什么。

青花瓷

1

我不喜欢医院里浓重的药水味道，还有晚上走廊里昏暗的灯光，总让人感觉悲凉，那种生命快到尽头的悲凉。所以，我在四周寂静的时候，站在一个男人的身后，看他在烟雾缭绕中独自沉默。他肩膀宽阔，头发浓密，夹烟的手指干净修长。他仰望月光的背影，像一幅画。

他叫樊离，我的父亲晚他妻子两天住进医院的重症监护室，两个病房只有一墙之隔，偶尔听到樊离有些压抑的哭声。

他的妻子早没什么希望了，可他仍然坚信她会醒过来，每天定时给妻子讲故事做按摩，贴在床边深情地说着他们在一起的曾经。在我对父亲病情绝望的时候，樊离的执着和痴情让我坚强了许多。我们站在一起，支起手臂，倚窗祷告，愿爱着的人，没有痛苦。

奇迹终是没有出现，父亲去时一脸安详。我孤独地送走了父亲，未请一个亲朋出席丧礼。

回到病房为父亲收拾不多的东西时，没有听到樊离的声音，我走过去，看到他在默默地流着眼泪，他妻子弱小的身体挂着呼吸机，却没了生命。这个可怜的女人不小心从山上跌了下去，到医院才检查出肚子里还有刚满月的胎儿。情不自禁地，我和樊离抱头痛哭。

2

我常常一个人躲在父亲的房里描绘丹青，仕女图上的眼神开始变得忧郁。我把整幅画的背景涂上忧郁的蓝，才觉得那双眼，似曾相识，很像樊离。然后我把电话打给他，对面樊离的声音听起来显得很意外，从医院分开，我们悲伤得忘记了互留电话。我在电话里告诉他我是小优，他的声音听起来那么高兴，他约我见面，要一起吃个晚饭。

不过一个星期，再见樊离，他一身素衣，虽然还有些憔悴，但已是意气风发，看不出是个刚送走妻子的未亡人。男人所表现出的坚强真的是无处不在。

樊离许是看出了我还在伤感，用温和的语气跟我说："小优，不管我们失去了多么重要的亲人，都要好好地活着，因为那是他们最想看到的。"

我没说话，泪先流了出来，樊离自然地牵起了我的手，我哭倒在他的怀里，泣不成声。除了父亲，我没有任何亲人了，连个朋友也没有。我悲悲凄凄断断续续地说了一个晚上，跟樊离讲我从小没有了母亲，讲我的父亲，总也画不够的丹青画和仕女图，甚至我跟他讲起了我小时候的姐姐。他只是静静地听着，偶尔安慰地露出儒雅谦虚的笑容。

只顾着我一个说话了，樊离一直沉默，我突然收起悲伤说："跟我讲讲你和你的妻子吧。"

樊离明亮的眼睛忽然暗了，他的头低了下去，我仿佛看到他的泪水。他只说了一句话："爱不够你爱的人，活着便是受罪。"

我是那么容易感动的女人，听他说完之后，又一次哭倒在他的面前。

3

第二天，我带着画架和颜料，把车停在樊离的公司门口，等着和他一起回他的家，我要送一幅画给他。樊离没有拒绝，还向我表达谢意。

他的房子布置得豪华而典雅。说它典雅，是客厅上一面墙的艺术柜上，摆着各种收藏品，与豪华的装修显得格格不入。

找出一张照片后，我支起画架，调好颜料。我说：“樊离，我喜欢看你的背影。”

他转过身去给我一个背影，笑着说：“只要你喜欢，做什么，我都愿意。”

画着画着，有泪雾了眼睛。我轻轻地，轻轻地，走过去，用和他相同的姿势坐了下去，把头靠在了他的背上，他一动未动，屋子那么静。我说：“樊离，我画不下去了。”

夜黑时，我没有离开，睡在他家的大卧室里。半夜醒来，借着清冷的月光，我站在樊离家的艺术架前，看着摆在最角落的青花瓷瓶发呆。拿起它，底部有一小块掉了碴儿，翻来覆去转了几圈看了几遍又把它放回原位。

走到樊离的房间门口，听到樊离沉沉的呼吸声，轻轻转动门锁，我趴在樊离的单人床边想要摇醒他。

樊离惊得一下子就从床上坐了起来，反倒吓我一跳。我平静了一下，很小声地说："樊离，这里我不太熟悉，睡不着，而且还很冷。"他摸了摸我的额头，用有些沙哑的声音问我，"又想爸爸了？"

他把我让到他的床上，静静的夜里，在樊离宽厚带点香味的怀里，睡了，直到天大亮，我的身上还穿着他妻子的睡衣。他的手随着我的呼吸起伏着。我把头怯怯地埋在他的胸前，不小心，碰到了坚挺的东西，他轻轻地嗯了一声，捉住了我不知该放哪里的手。樊离的声音那么性感，在我耳边呵着气说："小优，我可以吗？"

我的身体软得一片汪洋，樊离用力地扯开了我的睡衣。

4

似乎，我与我的梦想越来越近了。

我开始尝试用一种新的颜料来渲染我的仕女图，这种颜料不必像油画作品那样完成后等几个月再上光。我每日安心地在家里作画，希望可以早一天办画展开画廊。

失去亲人的痛苦一点点远去。在樊离家生活了一个多月，我很少出门。透过阳台的落地窗，看到残阳下的小花艳艳地开着，不觉春天已经来了。

父亲死后的第四十九天，我带着樊离去祭拜。我很虔诚地对着父亲墓碑上的遗像说：“厚待前妻的樊离是个好男人，他一定会好好待我的。”樊离用很坚定的目光回报我，紧紧地将我搂进他的怀里。

隔日我又陪着樊离看他妻子，她笑笑的眼望我，我一句话也说不出来，异常激动。夜里，回家，我噩梦不断，醒时附在樊离的怀里，眼泪止不住地往下掉，身子不停地抖。我惊恐地向樊离重复着我的噩梦，他的妻子来找我了，她知道我的名字，她一声阴森一声亲切地喊我小优，她怪我穿她的衣服，还说她是被人推下山的，她要我替她报仇。

樊离放在我后背上的手慢慢变得僵硬，他说只是个噩梦而已。我吓得只有枕在他宽厚的怀里才能睡着。可这噩梦，隔不了几日又会重复，我的精神状态一日不如一日，一次次在半夜里把身边的樊离吵醒，直吓得自己冷汗涔涔。

5

除了陪樊离，我把剩余的时间都用在画仕女图的油画上，这让我焦躁的心情平静了很多，也不像前段时间那样总做噩梦了。

调色的时候，我反反复复弄了几遍也没有调出与我感觉接近的颜色，这可能跟我新用的颜料有关系。正在一筹莫展的时候，樊离打来电话，他说有个朋友晚上可能去家里，要我下午出去准备一下。我梳妆打扮一番，照例去他妻子的衣柜里随便找了一件衣服穿着出去了。在外面逛了很长时间，用得着用不着的东西买了一大堆。

刚进家门，听到了樊离和朋友的说话声。樊离的朋友鼻梁上架着一副眼镜，长得老成可靠。见我回来，起身要走。樊离没有留他，我简单招呼，樊离便把他送了出去。

樊离回来时，将我揽进怀里，他心细地说："辛苦你了。"我说："樊离，我不求别的，只要你对我好，永远都这样好，就像以前你对妻子一样。"樊离听了笑着说我傻。

我要亲手为他做一顿丰盛的晚宴，我说，亲爱的，你只管享用就好。樊离揉着我的头发说怕我辛苦。怎么会呢，我送他嫣然一笑。他说我百媚众生。我告诉樊离，他让我幸福得想死去。

下午采购了一兜子东西，在厨房里忙得不亦乐乎。不一会儿，一桌子色香味俱全的饭菜被我端上餐床，都是樊离爱吃的。他说我是个贤惠的小女人，我低头不语。可一桌子的菜，我没什么胃口，一顿饭的工夫，吐了几次。

当樊离一脸安详地坐回客厅沙发上看电视时，我仿佛看到了父亲的笑脸。

我坐在樊离身旁，温柔地给他讲着故事，一个关于我的故事，等他慢慢睡着。

6

樊离死了。

一个月后，警察来了，并把我带走。樊离的家里，还有我未画完的仕女图。

面对警察的审讯，我哭红了眼睛，想不明白，如此美好的生活，樊离怎会撒手人寰。警察告诉我，樊离是中毒，而我作画的颜料里含有大量同类的有毒物质。

我跟警察讲了那天下午的经过：“樊离说朋友要来家里，我去买菜，顺便买了我作画的颜料，晚上，他的朋友并没有留下，我做了两个人的饭菜。饭后，我们俩因为一点小事吵架，我走了，一直等着他向我赔礼道歉，直到现在。”

警察问我，“一点小事？什么小事？”

我的哭声更重了，用手抚摸着我的小腹，说：“我怀了樊离的孩子，我爱樊离，所以想给他生个孩子，可是他说妻子刚走没到一年，孩子的事过段时间再说。”

我以为一切天衣无缝，我以为给樊离讲的故事，会永远地埋在心里，直到腐烂。可是，就像我不相信他的妻子是从山上跌落的一样，警察也没有相信我。

人生永远没有重来的机会，只要犯了错，就要承担。

从何说起呢？就从我和我的姐姐徐曼平说起吧！徐曼平——樊离的妻子。我们是亲姐妹，父母离婚后，她被妈妈带走，同时带走的，还有一个家里祖传的青花瓷瓶，父母不顾我们的姐妹情深，说他们老死不相往来。姐姐留给我的，到最后也只剩小时候的一段影像而已。

父亲在网上看到青花瓷瓶正在售卖时，在心里责怪他的另一个女儿竟然将这么宝贝的东西卖掉，他一激动心脏病发作住进了医院。等我辗转地找到了曼平，得知她那时也住进了医院，于是立即将父亲转院到她的病房隔壁。只有这样，两个亲人我才都可以同时照看得到。

父亲死后，我在古董售卖网站找到卖青花瓷的帖子，按那上面电话打了过去。我千方百计地去樊离的家，接近他，只是想夺回属于我们家的东西。

我雇买家打探樊离的口风，他却骗我说那买家是他的朋友。他尽一切可能支走我，就是为了他龌龊的勾当。他哪里知道，那青花瓷的价值，远不止他网上公布的那个数字。

我不在乎以后在牢狱中充满忏悔地老去，只愿我的家人，他们在天国安好。爱过，才知道恨真的不算什么。

无间就是地狱吗？
灵魂可以在那里得到解脱吗？

无间之泪

素岚经常说我善于察言观色，聪明机敏，最重要的，她说我有和她年轻时一样精致的脸，也有让男人着迷的优雅。只有我自己觉得这优雅之中还有那么一点邪恶。她笑说，那是我们的小米长大了呢。

素岚是个气质优雅的女人，弹指间透着一股子成熟高贵的韵味。她将一张银行卡推到了我的面前，我一抬头，就与她的目光相遇，她的眼睛似一汪深潭，只望一望，就会让人没了抗拒的力量。我只好回应她："我会尽力帮你的！"然后，素岚和我举杯提前庆祝，她一脸志在必得的样子。

1

我喜欢公司的套装，深深的黑色让人感觉稳重而神秘，我故意要小了一码，可以更加完美地衬托出我的身形。一头卷发柔顺地散在胸前，戴上锃亮的钻饰颈链，肤色丝袜裹着的小腿显得紧致修长，尖头高跟鞋上黑黑的闪钻放着悠悠的光，把那俗套穿得一身精致，我做到了。让男人着迷，我做到了。因为我捕捉到游离在我身上的那一束目光。虽然我只是一个小小的核算员，虽然在这偌大的公司，总经理冬阳和他的助理只是偶尔风一样经过我的身边。

机会只留给有准备的人。当我算准了时间与苏助理在电梯间内不期而遇，当我拿着装满水的玻璃杯在苏助理到来时轻巧地转身，当我站在苏助理每天下班的路上无助地等车，我知道，一切都在我的掌握之中。因为我就坐在他车的副驾驶座上。

“你送我，不应该把我送到家里的。”我把“家”字故意拖得很长，偷眼看了看他的反应。他眼中烧着欲望的火，怎是我这一句话就能熄灭的。我们拥着旋转到了我房间的床上，我顺势按下了 DV 的红色按钮……

在此之前，他恐怕并不知道，蛊惑有多美妙陷阱就有多深密。随后，苏助理辞职了，离开公司前，他以五年助理的经验和人格做担保，向总经理冬阳力荐由我代替他的职位，只两个月时间，我由一个核算员坐直升机似的做了总经理助理，虽然是先实习一段时间，但我并不介意。还有别的什么办法能这样既顺利升职，又得到总经理的信任吗？我想不出来。

2

我的工作从每天早晨的一杯拿铁开始。我将温热的咖啡送到总经理冬阳的办公桌上，故意将上身低些，再低些。我要让他看到除了工作之外，更加出“色”的我。可这个男人，除了冷峻的外表，还有一颗无比坚韧的心，对我熟视无睹。

也许这样的男人会更加钟情于工作出位的女人。于是，我拼命工作，甚至挑灯夜战，只为博君一笑。

当我黑着眼圈，一脸憔悴地交出本应在月底整理好的策划时，他只冷冷地说一句“辛苦了！”然后继续埋首工作。当我与客户全力谈判周旋，为公司赢得大单生意时，他也只对我微微一笑后转身先行。

我似战场上斗志昂扬的士兵，越挫越勇。像是久攻一座城堡，观察着城边的每一道缝隙。此时，冬阳就是我眼中的城，我迫不及待地等着他的沦陷。打电话约了素岚。我需要宣泄一下几近溃败的心绪。素岚也对拿铁情有独钟，我却厌恶至极，素岚轻轻举杯说:“你已经做得很好了，小米！”

我的心情似乎舒缓了些，素岚温柔的声音有慑人的震撼力。她送了我一张健身卡，并告诉我说，这个地方冬阳常去的，特别是在周末，然后她牵动嘴角一笑，再送我一个美丽的转身。我感觉有些眩晕。

但我还是看清了一个行色匆匆的身影，消失于来来往往的车水马龙之中。是苏！

辗转走了几条街道，我疲惫不堪。不是想念，不是愧疚，我只想真心地和苏说声谢谢，即便有些龌龊，我也要大方地先伸出友善的手，不知道他恨不恨我。

就在我以为找不到苏的时候，我看到了珠宝专柜前一对挑选首饰的情侣，逼得我步步后退。是素岚和苏。他们怎么会认识？又怎么会在一起？这到底是个什么情况？谁能给我个答案，我迷惑了！

3

我将银行卡和健身卡摊在面前，站在电脑桌旁煞有介事地摆着一杯拿铁，仿佛想从这些东西中找到答案，却越想越乱。

穿衣出门，我未做任何修饰，直直的头发高高扎起马尾，素面朝天。周末，我正好可以去健身馆一探究竟。

看着那个男人孤独地挥汗如雨，我忽然丧失了勾引他的动力。他到底知不知道自己的妻子正和别的男人翻云覆雨。一直以来，我没有问过素岚为什么要摆脱与冬阳的婚姻，想当然地以为成功多金的男人全都始乱终弃，根本抵不过诱惑，素岚是绝对的弱者。可现在看来，并不是我想的那样。觉得手一沉，素岚给我的那张银行卡徒然增加了许多分量，我怕我承载不起。

绕着健身馆的边边小心前行，以为是前进其实是在绕圈，走了许久，又回到了最初的位置，我没了方向。终于一个高大的影子晃着挡住了我，我可以歇下来了。我放弃了一贯的妖娆和追逐，冬阳显然有些不适应。他疑惑的眼神看着我，递给我一杯果汁。

“心情不好？”我不想回答他的问题，任何的词语都是言不由衷。接过他手中的饮料，闷闷地跟着他走。坐在贵宾休息室，他面前仍然是一成不变的拿铁和一成不变的沉默。只有和他说起工作的事，他才能多说几句。我收起了和他自来熟的谄媚表情，心里只有一个想法，我可以仗义地帮助别人获得报酬，却不想被任何人利用，朋友也不行。

终于，素岚和苏的点点滴滴终于在我百转千回的调查中浮出水面。我特别想知道的是，素岚安排我进冬阳的公司潜伏在他的身边，到底想在这场算得上盛大的婚姻经济战争中获得多少利益？也许素岚已经不是当年我认识的那个内心纯净的大姐姐了。在利益面前，十年的友谊又算得上什么？

我没有把我所知道的她和苏的关系捅破，试探的话没说几句，素岚就露出一副无比轻蔑的表情。她并没有解释，还出乎我意料地问我说：“小米，是不是觉得我给你的钱不够？”

这个女人，她的心里只有钱。

“素岚，我是成年人，我有自己的思想，在我做这件事之前，你应该告诉我的！”我忽然很轻视这个我一直视为姐姐的人，“我不想继续了，你这样做太不磊落了！”

“磊落？”素岚的口气冷得让人心寒，“你以为你用DV威胁苏就磊落了吗？不过，磊落的小米也不用内疚。苏早就不想留在冬阳身边了，你不过是给了他一个全身而退的机会而已。”

我的脑袋轰的一声，原来一切都是我自作聪明。我不过是他们手中的棋子。

4

和素岚分开后，我的心里很不是滋味，独自一个人去酒吧。我要喝最烈的酒，以此鄙视这莫名其妙的人生。好看的服务生递过来一杯绚丽的液体，我一饮而尽，很甜，很香。我嚷着，说过要最烈的，怎么这么甜，不行，再换。于是，不知名的各种颜色的液体被我送入体内。最后摆在我面前的是一杯叫“无间之泪”的烈酒，杯上升起了一团好看的烟雾。无间就是地狱吗？灵魂可以在那里得到解脱吗？没等我将那盈盈的紫色握在手里，冬阳就来到了我的身边。他没让我喝完那杯“无间之泪”，带着我离开了嘈杂的酒吧。

我问他：“你怎么来了？”

他说：“是你叫的我。”

我不记得什么时候联系过他了，喝得太多了。随后，我像个受了莫大委屈的孩子，看到冬阳，我的眼泪再也控制不住了。

他解释：“忙了点事，来晚了！”

“我被朋友利用了，自作聪明自以为是地进入了别人的圈套。”说完，我就酥软地倒进沙发里不省人事了。

第二天醒来，我看到了精神萎靡的冬阳，他的脚下一地烟头。他告诉我，素岚走了，带走了她认为属于她的东西。

“也许是我对她疏忽了，如果她要的幸福我给不了，我应该学会成全。”冬阳的形象在我眼前无比高大起来，只可惜他看不到，我的心里全是悔意。

5

普通的员工根本感受不到明氏集团易主的气氛。我习惯性地望向冬阳的办公室，苏坐在以前冬阳常坐的办公椅上，他自信的脸比以前显得有光泽了许多。

看着现在已是素岚一个人名下的明氏，全权交由苏一个人打理，我不禁对苏这个男人的手段膜拜至极。员工私下议论着为什么以前冬阳的助理代替了冬阳，我不敢插一句话，生怕一个不小心暴露了身份。

秦岚以为我还在生她的气。“好了，小米，别生气了！姐姐给你看样东西。”说着，素岚从包里拿出一堆相片，挑出其中一张横在我的眼前说，“姐姐觉得小米这张最好看。”

我抬头，照片上是冬阳和我，有点温暖，有点暧昧。我已不知不觉成了素岚威胁丈夫离婚的一个砝码。

至此，我终于可以来到把我养大的姨母坟前，给她讲讲她曾深爱的男人的儿子，那个把她当成下贱女人一样撵走的女人的儿子，是怎么样败了家业，变得一贫如洗又走投无路。我总算可以让一生孤独的姨母瞑目了，我爱姨母等同于生完我就辞世没见过一面的母亲。

第四辑

爱上爱情

我爱你，

因为你就是爱本身；

再或者，

我爱上的是爱本身，

而不是你。

婚姻的关键，
或许并不在于你是选择了一个你爱的人，
还是选择了一个爱你的人，
而更在于你是不是选择了一个合适的人。
两个合适的人在一起，
日子便也会过得行云流水起来。

那个浓眉毛的女人

1

见面地点是介绍人定的，就在小公园里的荷花池旁，穿粉色衣服的女子就是了。

远远的，我看到一个女人的背影，她出神地望着池里的荷花，好半天不曾转头。于是我顺着园子里的小径走过去，心里勾画着互相见面的场景，我轻拍她的肩，然后向她介绍我自己，“嘿，你好，我是宁建。”

可是很奇怪的，在我拍了她的肩膀，她转头的那一瞬间，我忘了事先准备好的台词，脑海中浮现的是周星驰电影中如花的影子。当然，她的长相并不夸张，只是那两条浓浓的眉毛，让人过目不忘。她说她是如芳。

见面后不久，介绍人过来问我意下如何，我稍作考虑便应了下来。因为我觉得她是个适合结婚的女人。

如果你问我什么样的女人适合结婚，我具体答不上来。但最起码，不是漂亮得特别出众的，也不是风情万种的，更不是一个眼神就能把男人魂儿给勾走了的那种。

就像我的前女友，不仅人长得美丽漂亮，且说话办事大方得体，几乎是除了脾气不好什么都好的女人，可又能怎么样呢？还不是在和我相处了一年多以后，看到更好更优秀的男人，就没商量地跟人跑了。

介绍人跟我说，如芳也跟我一个意思。于是，我和如芳交往起来。

其间前女友曾经回来找过我，知道我的恋爱对象后很是不屑，一副要大张旗鼓收复失地的架势，还说受不了我找了个不如她的女人。

如芳应该知道这些，可她不说也不闹，也不责怪说我和前女友暧昧，禁止我和前女友见面什么的，好像是聚是散都随缘的一副恬淡模样。

后来前女友在和我做最后一次告别时说，她曾经找谢如芳谈过，可那女人油盐不进，只说等你选择。宁建，你说，你到底选谁？

我稍一犹豫，没等给前女友确切答案，她就爆发了，风一样地走了。在她看来，这一次回来找我是对我最大的恩惠和施舍，她在做一件好事，是解救我于水深火热中，因为她不能眼睁睁看着我和如芳那样的女人在一起生活。

可过日子只要我自己感觉舒服就好了。前女友还是太相信她在我心里的地位和感情了。可如芳，说不上她是深藏不露还是什么，关于前女友找她的事，她对我只字未提。

她不提，我便也不提，只当是一种信任，一种默契，以及一种尊重。

和如芳恋爱一年多以后我们就开始商量结婚的事儿，一切波澜不惊，按部就班。

结婚那天，化过妆的如芳看上去漂亮了很多，她的眉毛修得又细又弯，人看上去也温婉了许多。

新婚之夜，我们破天荒地说了几句情话。她说这辈子选我准没错，一看就知道我是个踏实可靠的男人，最后还说，我肯定不会像她前男友那样，见个漂亮女人就跟人家跑。

听她说完这几句话，我心里一惊。难道我们同是天涯沦落人？

2

说实话，如芳婚后看着比婚前漂亮了许多，可能是因为她开始打理自己的眉毛，而且人看上去也比之前丰满了许多。

我曾经对婚姻有过思考，或许其关键并不在于你是选择了一个你爱的人，还是选择了一个爱你的人，而在于你是不是选择了一个合适的人。两个合适的人在一起，日子便也会过得行云流水起来。我和如芳应该算是合适的人，从不吵架，相敬如宾，有礼有节。比如每周菜谱都有新变化，一周一到两次性生活，周末轮流回双方父母家看双亲，每一个月半月左右就去近郊旅个游踏个青，等等。直到一年后，如芳为我生了个女儿，这时的家也更像个家了。

女儿的眉毛随了她，又浓又直，整日叽叽喳喳的，很是好玩。

时间过得飞快，转眼女儿就要小学毕业了，我的生命里却惊如天雷般出现了另一个女人。那是公司里新来的一个同事，离过婚，性格很热烈。不到两个月，这个女人就把我带入了她火热的生活。不得不说，女人和女人之间的差别真是太大了。有的像水，比如如芳，和她一起只感觉生活滋润有模样；有的女人像火，不仅燃烧自己，甚至会让人冲动得想跟她一起燃烧。

有次周末，我陪着家外的女人逛超市，结果被如芳撞见了。晚上提心吊胆地回家，如芳只跟我提了句：今天下午和你一起的那个女人是谁？

我说是我同事，她就没再多问一句，也没让我解释什么。

结果倒是家外的女人跟我闹翻了。她说，宁建，你根本没想过跟我一起生活，你就是玩弄一个离婚女人的感情。

真的不是，我是有感情的。可面对老婆和孩子，即便我多么想摆脱那平淡如水的生活，也开不了口提离婚，我做不到。

可人家说得也对，如果人的一辈子都这样每天一个样重复过下去，那么活一百岁和活一天又有什么区别？

终于，我跟如芳说了，只要能补偿她们娘俩，我付出什么都愿意。如芳照样平淡，她说想离婚也可以，但不是现在。她说孩子太小，等到她中学毕业吧。

我掐指一算，三年时间也不算长，也就应了她的决定。如芳说，她不指望我过多，只要能给孩子足够的父爱就行。

那一天，我们立下了协议，白纸黑字写得明白，什么时候离婚，离婚后财产如何分割，孩子由谁抚养，事无巨细。

外面的女人看到我和如芳的这份协议，心也安了，日子过得有盼头起来。

我白天上班，下午下班回到家，坐到桌前陪如芳和孩子吃晚饭，一家三口其乐融融，饭后陪孩子玩一会儿，再做会作业，等孩子睡了我就走。

日日都是这样。

有次如芳在我夜里出门前问，宁建，你累不？

我也不知道怎么回答她才好。对于如芳，我有亏欠，但爱与不爱，心不由己。

3

第一次见识如芳的坚强和果敢，是在我的父母出事的时候。两位年过六旬的老人，想在驾驶证用不了之前完成梦想，自驾旅游庆祝结婚周年，结果途中出了事故。母亲当场没有了生命体征，父亲重伤住院。我听到消息后马上瘫成了一摊泥。是如芳张罗着给父亲转院，再把母亲接回来安葬，她把事情办得井井有条，并没有因为我们的感情而对我的父母有所怠慢和冷落，这给了我很大的安慰。

真的，我不敢想象，如果没有如芳，我的生活将糟糕成什么样子。父亲住院期间，只有我和如芳照顾着。我欠如芳的更多了，留在她身边的时间也就更多了些。

在这段时间，我接到了一个电话，女人跟我说，她等不到那纸合约履行了，她要走了。她多多少少带着怨气，怨我不能给她全部的爱。

接电话时如芳就在身边，可她没问我一句。

待到父亲出院，如芳直接将父亲接到了家里，怕他一个人思念母亲太过于孤单。从这以后，我便日日住在家里，上有父亲，下有女儿，天伦之乐，其乐融融。

冷静下来的时候我想了很多，如果这辈子我注定要有所亏欠，那么此时此刻，我特别想好好补偿如芳，哪怕用我的整个后半辈子都行。

我开始本本分分地做一个好丈夫、好父亲，做爸爸的好儿子。

如芳依然不问什么，对过去绝口不提，也默认了我每日和她睡在同一张床上。我依然和从前一样认为，只当这是一种信任，一种默契，以及一种尊重。

日子又恢复了之前的行云流水，我却有了不同心态，倍加珍惜。

但我奇怪的是，女儿初中刚毕业，如芳就开始忙着准备留学英国所需要的各种材料，成绩单、毕业证书，准备雅思，以及各种我不太明白的申请。

我很疑惑，孩子是要出国留学吗？

如芳回答是，要去英国。

再然后，如芳带着女儿出国了，听说是参加学校的入学测试，包括面试。

就这样我惶恐地等到了隔年的三月，女儿的入学通知书来了，如芳拿出了我们之前签的那纸协议，她要立即执行。

我的第一反应，她是开玩笑的。

可是，显然，不是。

现在的结果是，如芳走了，女儿走了，家里空了，陪伴着我的只有头发花白的老父亲。他早知道如芳出国陪读，并且支持。

似乎一切都已经晚了。我难以取得如芳的原谅，我那几年犯过的错误，对她的亏欠无法弥补了，如芳不给我机会，无论我怎么乞求挽留都没有用。

都说眉毛浓重的女人重情重义，直来直去；都说眉毛浓重的女人好胜心强。

待如芳走后，我想起我们初次见面的那个荷花池；我想起新婚那天她画的新眉；我想起初为人父时的喜悦；我回忆起每一次大风大浪击打我们婚姻时，她的不动声色和隐忍。

我想问，如芳，你真的爱过我吗？或许，我从来没有真正了解过她，也从未得到过她的爱。

我愿意就此等待，还债，偿爱。

如果时光能够停止在最美好的一刻该多好。

十年

1

高小樊高中一毕业就出国留学了，走之前他把珍爱的布偶猫交给卢菲来养，随猫赠送的还有一句话，“等我回来”。

卢菲一等就是七年。高小樊结束全部学业后，没有多做逗留，马不停蹄地回到卢菲所在的城市，披上白大褂，成了医科大医院颜值最高的骨科医生。

隔着七年的光阴，高小樊不再顾忌别人的目光，把手搭在卢菲的肩头，耀武扬威般走过校园的每一条小路，找一处空地，倚树而坐，头挨着头，戴同一副耳机，放的不再是英语听力，而是怀旧的老歌。直到太阳落山，他们一起去了校北的小吃店，店内重新装修过，但名字没有变，他们两个人点了一大碗面加一大杯可乐，一人一口地吃了半个多小时。

然后，他们一起看《那些年，我们一起追的女孩》，一起看《初恋这件小事》。其间哭了几次，笑了几回，仿佛电影里演的都是自己，那滋味，忍不住地荡气回肠。

时间教会他们的，不是淡忘，是珍惜。

高小樊把和卢菲重回校园的照片和以前的照片全部分享到网上，让认识他们的同学猜哪个是现在，哪个是过去。

看到卢菲和高小樊兜兜转转这么多年还能玩在一起，同学们无不羡慕眼红。有的同学直接起哄，吵嚷着说要他们在一起。

高小樊分享了《明天我要嫁给你》的歌，他说，即便住在同一个城市，也觉得遥远，他想天天见到卢菲。

这是求婚吗？卢菲还不曾想过结婚的事，她面红耳赤，慌了阵脚，不知如何是好。

高小樊的电话打了进来，他问卢菲，为什么突然没有动静了，他问卢菲到底怎么想的，是不是生气了？

卢妈妈就在身旁，卢菲支支吾吾切断电话。

2

高小樊想尽快介入卢菲的生活，把分离几年的时间追回来。他每天从城南到城北准时接卢菲下班，他们的背影里，卢菲的马尾辫一甩一甩雀跃得像个小兔子。

用旁人的眼光看高小樊，虽然各方面条件都很不错，但做男朋友，未免危险系数太高了。

高小樊对她是真心实意的好。卢菲常常这样为自己找接受高小樊的理由。

在一个周末，卢菲带高小樊回了家。

初次登门，高小樊大包小包买了不少礼物送给卢家人，还有一袋进口的猫粮。七年多未见，寄养在卢菲家的布偶猫已老了。它虽不记得高小樊，但却一点儿都不认生，在高小樊脚边喵喵叫得温柔。

高小樊走后，卢妈妈发表了自己的看法。嗯，小伙子看着是不错，挺机灵，还有上进心，难能可贵。但是，事业心有点重，说不准哪天就会把你一脚蹬开。

卢菲垂头丧气，但见高小樊时，还是一副斗志昂扬的小模样。

为了离卢菲更近，高小樊从家里搬出来，从城南搬到了城北。新置办的小公寓就在卢菲公司不远处，他把房子的钥匙交到卢菲手里时，有种说不出的自豪感，就像他们的新生活马上就要开始了似的。

卢菲像小媳妇一样忙东忙西，帮高小樊购买需要的新物件。桃心图案的窗帘、床单和被罩，情侣拖鞋，情侣的马克水杯……卢菲把高小樊的房间打扫得干净又整洁。他们坐在沙发上一起看电视时，仿佛能预见到他们年老时白发苍苍的岁月静好。

卢菲和高小樊爸妈的第一次见面，是在高小樊的新公寓里。

那天卢菲下班后从超市买了新鲜的蔬果，打算给高小樊做她新学的美味佳肴。可用钥匙一开门，就见高小樊的爸妈疾声厉色地要高小樊搬回去住。

卢菲成了高小樊爸妈口中的红颜祸水。要不是她，高小樊哪会放弃国外大好的前程匆匆回国。

高小樊爸妈对卢菲的这些成见，高小樊从未对卢菲提过一个字。他看到卢菲拎着菜愣在门口，二话不说，扔下父母，拖起卢菲的手跑了出去，一直跑到他们的学校。

在校北的小吃店，他们要了一大碗面，一大杯可乐，卢菲一口也吃不进。她从见到高小樊那一刻起就一句话也没说。可一开口，卢菲就向高小樊提出了分手。不被祝福的爱情还有什么幸福可言，她不想成为羁绊高小樊未来的女人。

没理会高小樊的挽留，卢菲一个人独自回了家。

3

卢菲把所有和高小樊有关的东西都整理出来，上学时传过的字条，一起画的画，毕业留言上高小樊深情的赠言……卢菲一股脑将它们全部放进储物箱。

一晃又是三年过去，卢菲还是一个人，大家都劝她别太认死理，赶快抓紧时间谈恋爱。

卢妈妈有时也会唉声叹气，当初真的不该对孩子的婚恋大事干预太多，搞得卢菲到了该结婚的年龄还形单影只。

而自从高小樊做医生以来，不少女医生和护士都主动向他靠近，可他总是冷若冰霜，保持距离。时间久了，大家也就都揣测出个十之八九。

高小樊为什么没有女朋友？

因为他是弯的。

高小樊不是没听人说过自己的闲话，可他不在意。与其随波逐流，不如洁身自好，他在国外留学的时候，也是抱持着这种态度。

布偶猫葬礼的第二天，卢妈妈因为伤心导致心脏病发作住进了医院。高小樊和卢菲在医院走廊的拐角处遇上，不约而同地停住了脚步。

时间过得真快啊，一转眼他们就认识十年了。细细算来，人的一生能有多少个十年？

高小樊出国时候，还有勇气让卢菲等他。可第二次分别，他那么无能为力，想想也罢，时光都不等人，他怕催老了青春，哪还有资格要求卢菲等他。

卢菲是第一次见高小樊穿白大褂，他英俊，庄重，还有种圣洁的感觉。这让卢菲想起与高小樊的初见，他是个穿着白衬衫迎风而立的少年。如果时光能够停止在最美好的一刻该多好。

为卢妈妈打理一切住院事务就成了高小樊的事。他在工作间隙总会陪着卢妈妈聊聊天，说到他还没有女朋友时，卢妈妈的脸上就高兴了起来。卢妈妈拉起高小樊的手，再拉起卢菲的手，不住地责怪自己当年多管闲事，现在说什么也不反对了。

对于高小樊目前单身的现状，有很多人表示不能理解，因为专情的男人就跟大熊猫一样稀少，偏偏优秀的高小樊站在这一队里。

院里的女医生和护士也表示不服，凭什么一个好好的男医生，她们惦记了好多年没成功，却被一个患者家属抢了先机？

高小樊不管那么多了，他现在要做的，就是和时间赛跑，和卢菲一起，把错过的十年追回来。

也许，从我笑着收下徐大可的第一件礼物起，我在他的心里，已经是一个几百块钱就可以打发和取悦的女人了。

我终于失去了你

第一件礼物

徐大可不高不帅，没房没车，但却是我的最爱。

爱到什么程度呢？我问徐大可，如果我愿意和他当众秀恩爱，算不算是已经爱到了极致的表现？

徐大可听后猛地点了点头，把我揽进怀里说：“小暖，你为了并不优秀的我，放弃了另一个优秀的男人，我发誓会一辈子对你好。”

看看他说的都是些什么傻话，难道他忘了自己是救过我命的大英雄吗？在我眼里，徐大可独一无二，不可替代。

“可是，要怎么秀恩爱呢？可以效仿大明星，自拍一张亲密合影发到微博朋友圈或社交软件上，配文：我们……”

徐大可听后呵呵地笑了，他说我们又不是范冰冰和李晨，引不起那么大的轰动效应。管它呢，恩爱怎么都是秀。首先第一件事，我们要穿情侣装，因为只有这样才够酷。

巧了，前几天我还真见专柜有品牌情侣装正在打折做特价。

徐大可支支吾吾地说：“小暖，这是我送给你的第一件礼物，要新款，要正品，要全套，不要特价。”

然而，在商场的各大专柜前，徐大可被那些并不起眼的衣服标价击倒了，他的脸色越来越低沉，我带着他轻车熟路地转到了一个专柜前，一套当季新款正搞活动，两套三折四百块，我拎起搭配好的衣服和鞋子问徐大可怎么样，徐大可四处比较了一圈，然后刷卡付了钱。没有比这价格更低更划算的了，我和徐大可在试衣间换好衣服后，直接撕了标牌，手牵手地走出商场。

为什么恋人都喜欢穿着相同款式的情侣装走在人来人往

的街上？

那感觉怎么说呢？就好像，我是你的，你是我的，而世界，是我们的。

一路上，徐大可紧紧握着我的手，生怕把我弄丢了似的，我能在他每一次用力时感受到他内心的波动。那时那刻，在徐大可的单身生活当中，遇见一个不虚荣、不爱钱、少索取的姑娘是多么的可贵。

我不喜欢用物质衡量或者考验爱情，特别是在一个人的钱包没有那么丰厚的时候。徐大可是穷，但他有尊严，还有上进心。徐大可的家庭很一般，父亲过早离世，母亲是退休的下岗工人，他一直企图改变穷困潦倒的家族命运。

情侣装是徐大可送我的第一份礼物，也是我第一次跟他保有的秘密。其实衣服并没有打折，只是我提前一天预交了七成定金，并让店员配合我演戏，帮我保守秘密。当时店员还向我提了一个问题，她说把东西全款买下来送给男票岂不让他更感动？但我还是觉得自己这样做，才能完美地维护一个男人的尊严。

第二件礼物

我和徐大可在一起的第三个生日，他的命运并没有什么太大的改变。仍然很穷，仍然有强烈的自尊心。他说要在我生日时送一件特别的礼物给我。我说：“不用的，还像往年那样订个蛋糕庆祝一下就可以了。”他说：“不行，”然后拿出了计算器说，“我们在一起已经快一千天了。”

时间过得真快。如今摆在我和徐大可眼前的问题是，寒冷的冬天就要来了，我们打算选个风和日丽的好日子登记结婚，然后来年开春了就举办婚礼。徐大可建议说，不如就选在我生日的那一天去民政局领证。

嗯。挺有纪念意义的。我同意。

从那时起，尽管一日比一日天寒地冻，但我的生活却因为有了期待而变得多彩斑斓起来。从内心来讲，我也分不清自己是期待生日的惊喜多一些，还是期待登记领证的神圣仪式更多一些。

至于会收到什么生日礼物，虽然心中热烈渴望，但我表现得却和平常一般无二。第二次和徐大可手牵手逛商场，我知道，他是要有所行动了。

我想，我是个善解人意又懂事的好女孩。徐大可最先带我去的是商场里的皮草卖场，那里人很多。在东北，每到冬季总是貂皮大衣卖得最好，而任意拎起一件，少说也得好几万。徐大可说，小暖，你也挑一件试试。

黑的，灰的，白的，我一件件穿在身上，柔软的触感，真暖和。徐大可问我，喜欢吗？

嗯，喜欢，可太贵了。徐大可说贵不怕，喜欢就好，当我送你的生日礼物。

我太清楚徐大可身价几何了，把他大半年的工资穿身上，人是暖和了，可心不舒服。所以我跟徐大可说，不要这么贵重的礼物。

结果，我在生日那天，还是收到了徐大可送的新衣，但不是动辄几万元的貂皮大衣，而是一件颜色粉嫩嫩很衬我脸色的小洋装。穿着新衣，我欢天喜地地跟徐大可去了民政局，我们头挨头地在红色背景下照合影，贴在大红色的结婚证上。此后，我就成了徐大可的合法妻子。

我们正计划着隔年即将到来的婚礼。用钱的地方很多，礼物无非就是一种心意，我和徐大可之间交付给彼此的，是不论贫贱富贵都要患难与共的后半生，这样深厚的情谊，还需要外在的物质来证明吗？我才不傻。

第三件礼物

意外来得突然，在我和徐大可准备婚礼的时候，他的妈妈心脏病发作突然离世，婚礼不得不延后举行。徐大可说："小暖，咱们再等一年。"我说："好。"

这一年，徐大可跟上了发条一样。他卖了房子，辞了工作，开始创业。每次我找他的时候，他总是很忙，忙着给别人送货，忙着联系业务，忙着到各地收钱。每当我有抱怨的时候，他总是说，他的父母穷了一辈子，他不能再穷一辈子。

一年之期快到的时候，徐大可的新公司刚注册完毕，准备成立。我们已经没有婚房了，他说租个房，白天当公司，晚上就是家，我说行。他说婚礼从简，只简单办个仪式，把亲戚们请来，和一些走得近的朋友聚聚，我说行。

一切都本着创业阶段不铺张浪费的原则，我们没拍结婚照，不度蜜月，只有两件事要做，先订酒店，然后再置办一些结婚用品。而我和徐大可最大的意见分歧就出现在物品采购上，因为一件衣服。

那是一件正红色的旗袍裙，价格不菲。我试穿之后喜爱得不得了，可徐大可说，这件衣服只有在给宾朋敬酒的时候能穿一会儿，实用性不大，没必要花这么多钱在一件衣服上。

这真让我意外，我身边站着的，还是当年那个要买几万元的衣服给我都不眨一下眼的徐大可吗？

这一次，我没听徐大可的，这件衣服我一定要。徐大可一脸不耐烦地付了款，回去的路上还碎碎念着说我太浪费。

我浪费吗？我希望自己的衣柜里有一件意义非凡的嫁衣，哪怕永远闲置，偶尔拿出来回忆当年，这也算浪费吗？

也许，从我笑着收下徐大可的第一件礼物起，我在他的心里，已经是一个几百块钱就可以打发和取悦的女人了。而每一次我收到礼物后满足的笑脸，他从来都不觉得是出于对他自尊心的保护和疼爱。

徐大可变了，他的眼里，有着太多的得失算计。他已经不是那个懂得感恩、知冷知热的男人了，他在一味改变命运时，走得太快，弄丢了灵魂。

“把衣服退了吧。”这是我留给徐大可的最后一句话，我想一切都结束了，那个有勇气和他并肩而行的姑娘找不回来了。

所有人都说我疯了，因为一件几千块的衣服就闹分手，徐大可穷的时候我不离不弃，如今眼看着走上坡路的时候，我却不好好珍惜，简直是又蠢又傻的行为。

可怎么说呢？那些珍贵的，和他携手未来的决心和勇气，一旦丢了，就找不回来了。

如果有天我要结婚了，
一定是因为我很爱很爱这个人，
爱到割舍不开，
分开就会思念，
所以才想和他永远在一起。

AA 制婚姻让我“出逃”

1. 冲动的选择

今年银行首次降息的时候，房价稳中有所回落，我和相处将近半年的男友看上了一套地段好、装修新、价格又低的二手房。当时房主急于兑现，所以没经过多少犹豫我们便决定买下。

办理贷款要准备各种证件，我们什么都不缺，只差个结婚证。在房产中介“机不可失，失不再来”的营销式催促下，我和男友非常迅速地去民政局扯了证。

当手持红本本，看到那上面盖着钢戳的合影，以及陈春蕾和雷一鸣的名字时，我心里很平静。当天下午，我给最好的朋友打去电话，她在恭喜之余问我："这么快，是不是有点冲动了？"

我也自问过，和雷一鸣登记是不是真的冲动了？

半年前，我刚跟前男友分手不久，雷一鸣听说我恢复单身后，执着地离开父母离开家乡，几乎放弃所有，穿越千里为我而来。刚一开始，我对雷一鸣并没有表现出多少热情，也一再明确表示，不会跟他发生什么，让他趁早断了念想。但雷一鸣不为所动，他只说近一点可以互相照顾，再说他也是真的想换个环境。

换了城市，在雷一鸣工作还没有稳定时，他与我合租一套房。而我是真的在生活中一点一点地被他感动了。

雷一鸣算是比较顾家的男人，他所做的事情都比较贴心，对我也很好。我们一起时，整理房间，洗洗涮涮，打扫卫生的事，基本上他都包了。有时我下班到家，他已把饭菜做好摆上餐桌。

都说爱与耐心是成正比的。雷一鸣最让我感动的，就是他的耐心。有次公司搞活动，我是项目负责人，一直加班到很晚，等全部工作做完都已经凌晨三点了，等我走出公司大厦，却看到了雷一鸣的身影在寒风里瑟瑟发抖，那画面让人感觉特别温暖。我也是在那个时候，觉得这个男人挺可靠。

雷一鸣神经线条比较粗，从来没有敏感、脆弱和受伤害这类小情绪，他快乐的心态渐渐感染了我。虽然我们共同语言并不多，对相同事物的看法也总是不同，但在一起时，他玩游戏我看书，相安无事地做各自的事情，不吵不闹，我倒觉得十分坦然。这和我预期的未来一样，平淡度日，不为爱情所苦，也过得不折腾，挺好。

自从跟前男友经历过一场撕心裂肺而又曲折缓慢的分手之后，我就觉得所谓的真爱即便刚开始时存在，也终将会随着岁月流逝，不复存在。婚姻还是平淡点好。

2. 细节是魔鬼

等我们把结婚登记的消息告知双方父母时，他们纷纷为我们筹备起结婚的事情来。首先是定下结婚日期，又是测算生辰八字，又是翻皇历，最后把结婚日期定在了四月一日。

当我跟朋友说四月一日来参加我的婚礼时，他们都说：“你确定不是愚人节逗我们玩呢？”这个日子定得是挺让人哭笑不得的，以至于后来经过了一些事情，我发现，这段婚姻并不如自己想象的那么稳固，也许还真是自己愚弄自己呢。

半个月后，一人一半的首付款付完，各项手续办完，房屋钥匙领到手，我们开始装修新房。意见分歧是从这时多起来的，可能是审美差距太大，我们很少有能想到一起去的事情和共同喜欢的东西，最初想到是自己将要住上几十年的房子，还是要据理力争一下。可是后来我慢慢地放弃了表达自己真实意愿的想法，不想生气，抱着他想怎样就怎样的心态度日。

后来发生的一些事，却让我淡定不起来了。

那天是我生日，雷一鸣不仅送了礼物给我，还请来我的许多朋友给我庆祝生日，说是为了图个热闹。可我的感动还没平息，没过几天，雷一鸣就说他身上的现金不够用了，我没多想，让他自己去放钱的抽屉里取，那次他拿走五百，基本是给我买礼物和请大伙儿吃饭花费的一半。

这让我想起之前还有一次也是这样。那次是情人节，雷一鸣给我包了1314元的现金红包，还请我吃了一顿浪漫的烛光晚餐，环境气氛感觉都非常棒，心情也特别好，因为恰逢赶上公司年底分红，我业绩好，领导给包了很厚的红包。当天过完情人节后，我直接把红包放进梳妆台放钱的抽屉里，雷一鸣见了随手从中抽走了一沓，说是要沾沾我的喜气。红包里有多少钱，雷一鸣拿走了多少，我都没数，后来我从公司财务那里知道红包数额。雷一鸣情人节第二天从我的公司红包里拿了一千多，这样算来，过个情人节仍然是一人一半的消费。

也许，在我应承了他提出的房款首付和装修金各出一半的规则之后，他连生活花销等也在暗暗坚持着各付一半的原则。这种 AA 制的婚姻让我感觉冰冷。

我并不是在物质上要求特别高的女孩，对感情的要求也是一降再降，可雷一鸣在金钱上这么精打细算斤斤计较，着实令我失望。也正是这种失望，慢慢地放大了我们性格中的不合，让相处变得越来越不愉快。

3. 再见前男友

我也曾反思过这段感情，雷一鸣最打动我的，正是他愿意为了我而剥离原来生活和工作的城市。可他真的是为了我吗？但六年前，我却真真实实地为了爱情，为了一个人，背井离乡。那个时候，本以为是一场才子佳人花前月下的圆满结局，谁承想岁月蚀人，我败给了时间。

就在几天前，在一次地区性的品牌空调营销会上，我又遇见了前男友，他和从前变化不多，只是眼神多了几分沧桑，我们的寒暄也显得客客气气。还是临分别时，他扯住了我的胳膊说，他想念我，从我离开就一直想我回到他身边。

我从不否定对他的仰慕和欣赏，可是他难道忘了吗？他忘了当时在我想有个安稳的家时，他却摇摆不定地说对婚姻感到恐惧。他忘了我们是怎样从无话不谈到了无话可谈，再到他情愿把心事跟别的女人分享，也不愿和我多说一句。他还说，我让他感到有压力。

现在，他又来跟我说，春蕾，回我身边吧，我现在还是一个人，我发现再没有一个女人对我像你对我那么好。

这次偶遇让我的心狠狠地震撼了一把。如果说以前尚有一点点余情未了，这次相遇他低下的姿态让我的不甘心一扫而光。

面对他的哀求，我告诉他我已经结婚了。他很震惊，分手刚半年多，我就已经走进婚姻，这个速度让他不敢相信。起初他还以为我是拿借口搪塞他，等我把领结婚证那天拍的视频和照片拿给他看时，他一句话也说不出来，我迅速走出了会场。后来他又几次给我打来电话，他认定了我不是因为爱情才选择婚姻。他说，一直不联系，是给彼此冷静的时间，如果可以，他愿意等我，重新开始。

听他这么说，我淡淡地挂断了电话。自从我选择离开他时，就已经下定决心，今后守护在家人身边，不再为任何一个男人离开我爱的城市。

4. 最后的决定

雷一鸣还是像以前一样，早早下班回家，洗菜做饭，周末打扫房间，拥有居家男人所有的优点。妈妈曾来看过我，她说雷一鸣很会生活，会让我以后很轻松。我也承认，我对雷一鸣产生过生活方面的依赖。

可同时我也发现，只要提前把工作上的事情弄完，及早回家，我一样也可以把房间收拾得干净整洁。最重要的是不用听雷一鸣唠叨，到他指定的地方去梳头。他说，头发落到地板上不好打扫。

还有，我和雷一鸣之间的对话越来越少，是因为我发现他思想过于浅薄而不愿多与他交流。

对于这段婚姻，我有点后悔。按照计划嫁作人妻吧，日子是一眼就望到了头的失望；可若及时刹车喊停，又没法给亲友交代。酒店定好了，房子布置好了，就差个仪式没举行，如果在这个时候提出分手，我就成了一个离婚的女人，父母也会跟着操心失望。

偶尔的一次，我在看到一句话后忽然顿悟，心里感受到了安定，说：但凡犹豫的，就是不好的。这条原则仿佛适合情感、事业和生活上遇到的所有两难或多难选择题。

女人结婚为了什么？难道年龄到了就一定有段婚姻才算圆满？难道只贪恋一个男人对你的好，有个男人愿意在生活中照顾你，就足够了吗？

我退婚了，雷一鸣说我的决定太轻率，那是因为他不懂，我之所离开，是一段时间以来对我们感情的重新审视所得的结果。其实我们并不合适，我对他的爱也远远不够。如果继续，对双方来说，都是更长久的伤害。

离开雷一鸣，并不是为了回到前男友的怀抱。我没那么想过，因为那也让我感到犹豫。还是那句话，但凡犹豫的，都是不好的。

我想，我还会和以前一样，不放弃寻找，不将就生活。等到下一次我想结婚，心里想的应该是：我要结婚了，因为我很爱这个人，爱到割舍不开，分开就会思念，所以才想和他永远在一起。

面对父母亲人和朋友，我愿意跟他们一一解释，并请他们相信，我放弃这段感情，是为了以后更加幸福。

只有愚蠢的人，
才去考验别人的人性，
然后，
两败俱伤。

阴谋害死喵

苏黎和小喵

苏黎把亡夫秦岭的见义勇为奖金和各种捐款抚恤金拿到手的当夜，就迎来了一阵紧似一阵的敲门声。

门外的女人长发细腰垂着头，苏黎隔着门谨慎地问她是谁，女人掏出一张亲密的二人照说要找秦岭，苏黎便给她开了门。

女人名叫小喵，她管苏黎亲热地叫着姐，只见她的长指甲一一划过照片上贴到一起的两张人脸，苏黎就看到了搂搂抱抱的两个人。小喵说，姐，秦岭那天救的人，就是我。

秦岭在全城最大的购物公园里救了一个姑娘，挺身而出与抢包的劫匪激烈对峙后被刺身亡，死得很壮烈。他的行为最终被定性为见义勇为，大报小报、各大电台电视台轮番报道，奖章证书得了两三个。自然，人死不能复生，又这么荣光，最后苏黎得到的赔偿款不在少数。

小喵对苏黎说，姐，我想和你平分秦岭拿命换来的钱。

苏黎有点蒙，按理说秦岭救了她，她不是应该感恩戴德地道谢吗。苏黎愣了愣神，对着小喵嚷，搞错了吧，凭什么？凭什么和你平分？

就凭小喵是秦岭家外不为人知的情人，有照片为证，还有他俩的通话记录和短信都在小喵的手机里存着。而当时救人的真实情况，其实是秦岭和小喵一起购物，由于出手太大方，才被坏人盯上的。

秦岭并不是个完美的男人，他邋遢，爱讲粗话，时常晚归不顾家。可自打秦岭的事迹被报道以后，苏黎已经在电视里上镜好几次了，她几乎已经忘记他的缺点，认定了秦岭是个至高无上的大英雄。

现在，凭空出来个女人站在面前告诉她，英雄早就劈腿出轨了。苏黎说她得考虑考虑，随后做出了送客的姿势。

小喵知道苏黎不会轻易把钱拿给她，于是把话说得不疾不徐。她半是哀求半是威胁地说，姐，我和秦岭好过，怎么也不能随随便便把真相说出去，说他不是英雄我也不愿意，但是，没了依靠，我确实是有迫不得已的困难。

送走了小喵，苏黎在床上翻来覆去想了大半宿，最后拿定了主意，这钱得给，而且还得快快乐乐、大大方方地给人家。要不然，谁也别想得一分。但事先还得证实一下才行。

苏离反复查了购物公园商场里秦岭出事那天的监控录像，眼见为实，秦岭身边的女人是小喵没错，是他救的小喵也没错。

意外的结果就这样出现了，共享过同一个男人的两个女人，苏黎和小喵，一个是秦岭生前的妻子，一个是秦岭生前的情人，她们握手言和成了无话不谈的好姐妹。当然，话题无非是秦岭，以及关于男人的种种。

苏黎毫不顾忌地向小喵吐露了心事，她和秦岭的婚姻早就名存实亡了，性生活一年都没有一次。苏黎说，若是秦岭还活着，恐怕我们也不会维持太长时间。她把目光转向小喵，一脸坏笑还带点嗔怨地说，秦岭那些热情都被你个猫精耗尽了，回家跟我哪还有力气。

虽然同是天涯沦落人，她们的境遇却又有所不同。小喵插足过别人的婚姻，但现在仍是待价而沽的单身姑娘。苏黎就不一样了，是个差点成为弃妇的寡妇。

小喵问苏黎，姐，你是不是也有人?

苏黎不扭捏，不造作，坦坦荡荡地承认了。

苏黎和宋明哲

秦岭还在的时候，宋明哲是苏黎的安慰。

宋明哲单身，小白领一个，比苏黎年轻几岁，各方面条件优秀，只是，宋明哲比苏黎穷。要不是这个原因，苏黎也许早就主动离开秦岭了。或者还是这个原因，宋明哲对苏黎的依恋也更浓烈。

说不清苏黎和秦岭是谁先背叛婚姻的，反正家越来越不像个家，没人气。也属巧合，苏黎发现秦岭行踪诡异的时刻，宋明哲就出现了，仿佛他的使命就是为了抚慰苏黎受伤的情感。苏黎睁一只眼闭一只眼不再理会秦岭，想看看秦岭还能使出什么花招。

宋明哲知道苏黎有家，但绝不是和苏黎玩玩而已。他不喜欢不成熟的小姑娘，觉得相处起来太麻烦。和苏黎一起，他觉得舒心。

苏黎问宋明哲，你和我是认真的吗？

宋明哲点点头，苏黎又问，那你打算怎么娶我？

在宋明哲看来，认真和婚姻是两码事，但苏黎觉得是一回事。苏黎问这些的时候，还在婚姻当中。如今苏黎摇身一变成了有婚姻自由的富婆，她当然想和自己心爱的男人水到渠成过上好日子。

苏黎心里的疑惑始终是，一个比她优秀的单身男人凭什么爱上自己。或许，宋明哲更爱她的钱。苏黎仔细回忆，又是什么时候开始对宋明哲有所怀疑的？好像，是因为一起看了一档相亲节目。

有天秦岭照例打电话告诉苏黎说要加班，秦岭所说的加班大多都是加着加着就整夜不归了。哪个女人愿意独自面对黑夜？往往这个时候，苏黎更喜欢宋明哲家绵软舒服的大床，圆的，橘色，她送他的。

一年前，也就是在那张圆床上，他们带着发泄完情欲有些疲倦的身体看电视。相亲节目里的女嘉宾漂亮、青春，有朝气，还能说会道。宋明哲对着电视里的女人赞不绝口，视身边的苏黎如无物。

说到底，年轻的宋明哲还是喜欢更年轻的姑娘。

秦岭的离世，令苏黎悲伤不已，可还有更让她悲伤和迷茫的。她爱宋明哲，爱他年轻的身体、他的热情和激情四射，还有细心的体贴和关怀，却也怕他太过年轻，成不了自己最终的依靠。

即便苏黎一个人了，和宋明哲也没有走得更进一步，反而是越来越淡了。苏黎需要宋明哲的时侯更多了，可宋明哲能给她的爱和时间还和以前一样。

苏黎不是小女人，更不会像小女孩那样不停地抱怨，或向宋明哲无止境地索要。她想冷静地看透宋明哲，试探着猜透他的心思，再做出决定。

最可恨的就是这种冷眼旁观不争取。

在宋明哲又一次席卷了苏黎的身体之后，苏黎起身去浴室，宋明哲调逗着苏黎的乳房，漫不经心地说了两个字：垂了。

说者无心，苏黎的情绪却霎时间翻江倒海，她怕的东西早晚会来——宋明哲的嫌弃。

苏黎一个转身，说，我认识个小妹妹，比我年轻，胸部饱满不下垂，你敢不敢试试？

宋明哲以为苏黎开玩笑，没往下接话，可苏黎第二天就把年轻的姑娘带到了宋明哲的身边。苏黎口中的小妹妹就是小喵。

可以用有勇有谋来形容苏黎吗？她的胆子真大，把勾引了自己老公的女人，又介绍给了自己的情人。她做的是什么打算？安的什么心？

小喵和宋明哲

宋明哲对小喵有好感，明眼人一看便知。他见小喵的第一眼，心里就起了涟漪，眼尖的苏黎当时就瞧出了端倪。男人看自己喜欢的女人，目光是不同的。小喵的大眼睛，还有她慵懒闲散的气质，像猫一样能轻易勾了男人的魂。

宋明哲问过苏黎，你的不介意，还有赞成，都是真心？

苏黎一点儿都没否认，还拿出极力撮合的姿态。宋明哲也就顺了苏黎的意，与小喵的感情升得比气温还快，几天就有了热浪。

宋明哲最初对小喵的好，是做给苏黎看的。他把手搭在小喵的肩上，高度搭配刚好合适，他搂向小喵蛮腰上的臂弯，角度合适，手感极佳。小喵温柔得不管宋明哲做出什么举动都不反抗，一副逆来顺受的小模样，搞得宋明哲的心软了又软。

再看苏黎，没有半丝醋意，反而还有点小得意。宋明哲算是明白了，苏黎不爱他，不然不会把他随意拱手让人。宋明哲坚信，苏黎走的这步棋实质是为了抛弃他。

对小喵，宋明哲原本抱着先遂了苏黎的意，然后迅速脱身离开的想法。可不知不觉的，他就离不开了。

小喵的神态，小喵说话的语气，小喵的顺从，还有小喵骨子里的软弱，怎么看怎么惹人疼，宋明哲不由自主地有想好好保护她的冲动。他不止一次地想，不是自己变心快，而是遇见了真正的爱。

小喵是个值得珍惜的好姑娘。她那么柔弱那么美好，宋明哲连在床上太过用力都觉得有些舍不得。有次宋明哲呵护地把她搂进怀里进入她的身体时，小喵哭了，她说宋明哲是这个世上待她最好的男人。

温柔缱绻，谈情说爱，结婚似乎是自然而然、到了那时那刻就应该发生的事儿。

相处三个月就谈婚论嫁，宋明哲一点也不觉得速度过快。可苏黎却觉得快得离谱，她坚决反对，称时机还不成熟。

苏黎有她自己的如意小算盘。苏黎把小喵介绍给宋明哲，是为了考验他对自己的爱到底坚不坚定。

在最初，苏黎就预想到了事情的不同结果。

A 计划，如果宋明哲抵抗住了年轻女人的诱惑，拒绝了小喵，哪怕宋明哲图的是她的钱，苏黎也愿意搏一搏，了无杂念地爱一场，让她卑微地先向宋明哲求婚也行。二十万，她给小喵拿了二十万。用二十万元考验一个男人的忠诚，苏黎认为值得。

B 计划，如果宋明哲接受了小喵，他们彼此相爱，苏黎势必要反将小喵一军。她不能人财两空。

现在看来，是实施 B 计划的时候了。苏黎踩着恨天高敲响了小喵家的门。

不想让宋明哲知道你给别人当过小三儿，就把从我手里拿走的钱给我还回来。否则，你和宋明哲的婚事，想都别想。

苏黎说得气势汹汹，一副不给钱就要命的架势。

小喵似乎也是个人物，她也提了两点：第一，不还钱；第二，宋明哲她一定要嫁。苏黎和小喵一时之间僵持不下。

就在苏黎气急败坏地想要夺门而出找宋明哲说出真相，告诉他小喵是个什么样的女人时，一个男人从卧室冲出来，站到了苏黎的面前。

随即，苏黎躺在了一片红红的血色里。

小喵和昊子

从小喵卧室里冲出来的是与小喵一直纠缠不清的男人，名叫昊子。

你要相信，遇上渣男是会毁了女人一生的。就比如，苏黎还不知道昊子是谁，他们见的第一面，昊子就对她下了狠手。还比如，小喵从一开始被昊子阴魂不散地喜欢上，就像老鼠碰到猫，注定了的死局。小喵是真正的弱鼠。

从小父母离异缺少爱的小喵十几岁时就认识了昊子，从他那里，她没学到什么好，除了偷东西，就是骗男人。

谁能想到，小喵柔柔弱弱的样子，在购物公园里挎包被抢的那天，她其实也是在寻找目标。而秦岭就是小喵的猎物，她已经跟着秦岭在商场绕了许多个弯儿。

秦岭与劫匪殊死搏斗最后丧命，小喵还是在电视上看新闻知道的。她当时心虚极了，趁着围观的人多乱作一团，悄无声息地逃掉了。

PS 出秦岭和小喵的亲密照，以秦岭照片做头像申请新的微信号，制造与小喵的暧昧对话，找苏黎平分赔偿款，一步一步，都是昊子想出的主意。

如果昊子不是太贪心，拿着从苏黎那里威胁敲诈骗得的钱财一走了之，也许就不会有后面一系列的悲剧发生。

昊子看准了小喵还能在宋明哲身上敲一笔，也就默许了宋明哲对小喵表现出的好意。而宋明哲，是小喵除了昊子以外唯一的男人。

小喵是动真格要和宋明哲结婚的。她跟昊子提出分手，付出什么代价，拿多少钱都行。昊子听后立马就急了。他狠狠地扇了小喵一巴掌，打得她脸上都是红手印。小喵一点服软的意思都没有，昊子又是一顿拳打脚踢，非要打到小喵求饶为止。然后昊子让小喵向他保证，管宋明哲要一笔钱赶紧闪人，回到他身边。小喵不依，昊子就动手开打，根本停不下来。

苏黎的敲门声响起时，昊子才腾出工夫歇口气，躲回到屋子里。

正在气头上的昊子，隔着一扇门听到苏黎说要往回要钱，再加上小喵还是嘴硬地说非宋明哲不嫁，他不禁火冒三丈，手执一把锋利的刀子，疯子一样向苏黎挥了出去。

苏黎倒下去的一刻，一把水果刀也扎在了昊子的后背。小喵看清了自己的命运，只要有昊子在，她将永无宁日。这么想的时候，趁着昊子一转身，小喵朝着昊子的颈动脉，又是一刀。

就着满屋子的血腥味，小喵快速地冲了个澡，化了个淡淡的妆，穿上最漂亮的衣服去见她的情郎宋明哲。

临出门时她打了电话报警。小喵知道自己的时间不多，和宋明哲将是一场末日般的情爱。这一次，小喵的身体没用宋明哲来点燃就自己着了火，她把自己完全地奉献给了他。那一刻，她是他的。如果他愿意，要了她的命都行。

宋明哲的快感一波又一波，他也终于在不同于往日的战栗中察觉出了小喵的异样。

分别前，小喵要向宋明哲坦白，尽管这故事讲起来有点长，也要完完整整毫无保留地告诉他。只有这样，她才能在被关进监狱时，心胸坦荡地面对人生。

令小喵遗憾的是，她再没福气做个幸福的女人，成为宋明哲的新娘了。

错乱的局里，没有赢家

刺伤苏黎的昊子，鲜血流尽而亡。

苏黎鬼门关里闯一回，死里逃生后独自躺在医院的病床上。

如果，如果苏黎与秦岭黄泉相遇，秦岭一定会把他带入地下的秘密告诉她。

秦岭爱苏黎，爱到可以容忍她与其他男人缠绵。秦岭从未出过轨，他对苏黎的故意疏离，是想给她更好的选择机会。秦岭觉得不会有男人愿意惹上有家的女人自找麻烦，所以坐等苏黎在爱海里沉浮，受到伤害后回心转意，再与他过和和美美的日子。这绝不是一个男人的懦弱，而是他对爱的让步和宽容。

直到秦岭发现苏黎与宋明哲动了真心，他想到的也是成全，毕竟幸福强求不来。

所以，在购物公园里的那场见义勇为，失意的秦岭多多少少是带着点消极的情绪而自寻死路。

是苏黎的多疑毁了他和秦岭的婚姻。同样，也毁了她和宋明哲的爱情。在苏黎亲手把宋明哲推给其他女人的时候，宋明哲对她的爱就死了。

一个聪明的女人，不会妄图证明自己的男人坐怀不乱，而是让男人习惯拒绝除自己以外的女人；一个聪明的朋友，不会让友人在自己与利益中做选择，而是竭力创造彼此共同的利益。只有愚蠢的人，才去考验别人的人性，然后，两败俱伤。

苏黎如果能早些明白这个道理，就好了。

只有当自己处于一个最好的姿态，
才会有一个最好的人来爱你。
一定会有那么一个男人，
愿意尽他最大所能给你最好的未来。

择一城终老，遇一人白首

1

年近三十的梅大琳第一次带唐克简回家见父母那天，梅家沸腾了。全家人说说笑笑围坐在餐桌前听唐克简侃侃而谈，只有梅大琳的妹妹梅小美显得不太高兴，一声不吭。

梅小美大学在读，即将毕业，目前正在休病假。唐克简是她的老师，她十分不情愿自己的老师变成姐夫。席间，小美一直闷着头，基本不怎么言语，只有在姐姐提到让唐克简帮她补落下的功课时，她才抬起头，眼睛亮了一下，只一下，就又把头低了下去。

唐克简走了以后，梅大琳迫不及待地挤上小美的床，她想借着窗外的星光聊聊心事，像以前一样。小美曾掏心掏肺地说："姐，我喜欢看他气定神闲地站在讲台上，爱极了那偶尔瞥向我的目光；我还喜欢他站在摆满书的书架前的背影，像个指点江山的将军；甚至，他还是个能为一片落叶而伤感的男人……"

可今天，小美不愿意讲一句心里话，对梅大琳也明显比往日冷淡。小美说："姐，你真的喜欢他吗？"

"喜欢，从他来医院走进你的病房，我看见他的第一眼开始，满屋子的阳光都不及他耀眼。"

"他来医院看我的那天，分明是个阴天。"梅小美说完这句话，便陷入了沉默。

梅大琳知道小美的这场暗恋。她见小美不再言语，准备回自己的房间，瞧向小美时，小美的脸惨白惨白的，刚剪的短发遮挡不住耳根下方的那块疤，像含苞的玫瑰那么大，特刺眼。

梅小美受伤，是在半个多月前，有对口支援校方的教授来学校开研讨会，她是学生会的志愿者。那次研讨会很轰动，梅大琳也有参加，以报社记者的身份。而意外就发生在晚会的招待宴席上，一张餐桌旁边的电源忽然起火，没有谁敢往前冲，学生会志愿者梅小美抢在别人之前，跑到电闸边企图关掉总电源。

结果，水电无情，小美的右手伤得比较严重，脸上也有一处灼伤。

2

梅小美住进医院时有很多老师和同学来看她。梅大琳无意中在医院的洗手间里听到背后有人议论梅小美，说临近毕业，学校在筹备二级学院，有了留校的名额，大家都削尖了脑袋往前冲，梅小美真是什么都敢做，多好的表现机会啊！和学校重要领导一同就餐遇到突发情况，足以拿个见义勇为奖了，可惜，表现过了，毁容了……

从洗手间出来的那一刻，梅大琳就摇身一变，成了接到令牌的小兵。

在梅大琳和唐克简的交往中，她不疾不徐地试探，由浅入深，她的聪明之处在于懂得投其所好，用她知性女人的智慧手段，再配以小女生的爱情模式，成功俘获熟男的心，在唐克简认识的女人中脱颖而出。

梅小美留校的事，梅大琳从头到尾基本没怎么提，唐克简却心领神会办得无比妥帖。

唐克简每天下午三点以后去家里给小美补专业课。他走进梅家，梅小美总是事先在家摆好凳子，目测好距离，然后坐在他的右边，尽量把左边完美的侧脸展现给他。那听得见的呼吸声，终于让梅小美知道，他并不像她想的那么高不可攀。

当唐克简口口声声夸赞小美聪明善良时，她的整个身体都酥了。

在此之前，小美的心里，唐克简是神一般存在的男人，那时那刻，他有任何女人都不影响她对他的爱恋。可是，当他触手可及时，感觉似乎就变了。她厌恨起姐姐梅大琳来。天下好男人那么多，她的亲姐姐偏偏选择唯一让她动了情的唐克简。

除去补课时间，小美常把自己关在屋子里，电脑键盘敲得山响，手机寸步不离地跟着她。

小美的手机微信里只有一个标了星的好友唐克简，朋友圈里，她只关注唐克简发的文字和图片。小美特别痛恨梅大琳在她住院时翻看她的手机，还从她的手机通讯录里抄下唐克简的电话号码，然后再一次次地找各种借口主动联系唐克简。

除了有唐克简在，小美不愿意再跟梅大琳多说一句话，哪怕是叫一声姐。

3

仿佛是情窦初开，小美开始学着做一个风情万种的女人，她浏览各色女性网站，关注穿衣技巧和化妆方法，并随时学以致用。比如，小美开始穿起了V领低胸小衫，在唐克简跟她说话时，尽量把气喘得粗一些，让胸部看起来有起有伏。

唐克简看到了小美的变化，他一双弯弯的眼睛笑得更弯了。

小美自卑地想，一定是自己的动作不够熟练，姿态不够优美。还有，她无比痛恨脸上的疤，后悔当时救场的冲动。

唐克简问她：“是有喜欢的男孩子了吗？”

小美的心跳得都要蹦出来了，她真想冲口而出，告诉他，从第一次在阶梯教室上课他点到她的名字对她笑时，她就喜欢上他了。

小美欲言又止的样子逗笑了唐克简，看着唐克简的笑眼，她哭了。唐克简说：“小美，别哭，你是个优秀的姑娘，真的很好，只有自己处于一个最好的姿态，才会有一个最好的人来爱你。一定会有那么一个男人，愿意尽他所能给你一个最好的未来。”

梅小美觉得自己最好的时候已然过去，她的心里翻江倒海般想把脸上的疤撕碎，再补上一块新皮。梅小美还做了一件自认为很英勇的事儿，她把梅大琳收到的来自一个远方诗人送的书拿给唐克简看。

唐克简能理解，谁没几段轰轰烈烈的悲欢离合。但梅大琳的深沉和浓烈，是唐克简从没见过的，他一直以为梅大琳是个理性的女人，可其实她浪漫感性得不像话。诗人送给她的那些缠绵悱恻的情诗，荡气回肠，唐克简自叹不如。

六年了，梅大琳每隔三两周，就要花费六个小时的车程去见那个独居的诗人。梅大琳最初认识他，是因为报纸的副刊开了一个专栏，她去做诗人的访谈。诗人把新出的诗集签字送给了梅大琳，那一行行诗句陪了梅大琳半个夏天，然后她就不顾空间的距离和年龄的差距，无可救药地爱上了他。

唐克简被激怒似乎只是一瞬间的事儿，但马上又平静下来。他的刻意压抑和假装的微笑，让梅小美看得心疼。她从背后环住他的腰，梅小美觉得，再不表白就晚了。唐克简一言不发一动不动地听她讲她青涩的暗恋。

也许，成熟男人的标志就是，不管内心如何的狂风暴雨，表面看起来都是波澜不惊。

更或许，这种波澜不惊只是情未到深处。

是啊，和梅大琳在一起的时间里，唐克简不是在帮小美补课、评优、写论文，就是载着她往返于学校和医院之间，而梅大琳总有忙不完的采访，做不完的案子。

4

两个月后，梅小美伤愈回到学校，刊登梅小美见义勇为救火事迹的报纸还张贴在校园宣传栏上面。她成绩一向很好，在学生会里又很活跃，于是毫无争议地和其他几个人一起在本校毕业实习，筹备二级学院的组建工作。

几个月后，梅小美和唐克简成了名副其实的同事，更多的朝夕相处。

二级学院剪彩的前一天，梅大琳辞去了报社的工作，即将奔赴另一座城市。听说她进了一家杂志社，还做老本行。梅大琳说，那座城市有她爱的男人，装着她的眷恋，她没有不去的理由。

择一城终老，遇一人白首，这就是一生。

要是以前，梅小美多希望梅大琳消失不见，可一旦要分开，竟然生出许多不舍。她们姐妹相处二十几年了，当初选择大学时，谁也不愿意离开彼此，都选择在本市就读。如今，却因为爱情而姐妹分别，梅小美感觉鼻子一阵阵泛酸。

梅大琳说："幸好，我在临走之前，把他带到了你的身边。"

在梅大琳看来，爱绝不像小美想的那样，等等就可以等来的。遇到自己喜欢的人，哪怕会有伤害，哪怕结局不够完美，也要勇敢地去追求，去经历。

小美知道梅大琳为她留校做了很多，而她却误会了那么久。小美说："姐，你知道的，我一直胆小，那天有勇气急着断电闸，真的不是为了留校，而是因为，有你在。那起火的桌子，离你太近。如果我们之间一定有一个人受伤，我希望是我而不是你。”

梅大琳离开的前一天，她和唐克简单独聊了很久，关于爱情，关于人生，关于勇气，还有关于梅小美。

梅大琳离开的前一晚，姐妹两个人睡在一张床上，盖一张被子，哭湿了大半个枕头。

仿佛分别会让人迅速成长，如今的梅小美不用再刻意学习如何做一个充满魅力的女人。她自信从容，不因为自己的不完美而自卑丧气，吸引人的气质已经深入骨髓。

唐克简说："很遗憾，最初爱上的不是你。"

梅小美答："我不在乎。"

唐克简说："我要正式和你交往，重新认识。"

梅小美点头答应。

唐克简说："你不用总是用你的左脸面对我，我不在乎。"